中越友谊的广西叙事

NHỮNG CÂU CHUYỆN VỀ TÌNH HỮU NGHỊ TRUNG-VIỆT TẠI QUẢNG TÂY

广西社会科学院中越友谊课题组 / 编著

NHÓM TÁC GIẢ: NHÓM NGHIÊN CỨU ĐỀ TÀI TÌNH HỮU NGHỊ TRUNG-VIỆT
CỦA VIỆN KHOA HỌC XÃ HỘI QUẢNG TÂY

世界知识出版社
NHÀ XUẤT BẢN TRI THỨC THẾ GIỚI

图书在版编目（CIP）数据

中越友谊的广西叙事 / 广西社会科学院中越友谊课题组编著. -- 北京：世界知识出版社, 2024. 12.
ISBN 978-7-5012-6932-7

Ⅰ. D829.333

中国国家版本馆CIP数据核字第2024BM2936号

书　　名	中越友谊的广西叙事 Zhongyue Youyi De Guangxi Xushi
编　　著	广西社会科学院中越友谊课题组
责任编辑	谢　晴
责任出版	赵　玥
责任校对	张　琨
越文翻译	陈　莹　李碧华　韦丽春
出版发行	世界知识出版社
地址邮编	北京市东城区干面胡同51号（100010）
网　　址	www.ishizhi.cn
电　　话	010-65233645（市场部）
经　　销	新华书店
印　　刷	北京虎彩文化传播有限公司
开本印张	710毫米×1000毫米　1/16　13⅛印张
字　　数	212千字
版次印次	2024年12月第一版　2024年12月第一次印刷
标准书号	ISBN 978-7-5012-6932-7
定　　价	98.00元（精装）

版权所有　侵权必究

前　言

中国与越南是山水相连的友好邻邦，两国人民的传统友谊源远流长。近代以来，中越两国人民在争取国家独立与民族解放、建设社会主义现代化国家的共同奋斗中，紧密团结，互相支持，建立了牢不可破的深厚友谊。越南胡志明主席曾经用"越中情谊深，同志加兄弟"的美好语句来讴歌越中友谊。进入新时代，中越两党两国领导人在许多场合一再指出，中越传统友谊是毛泽东主席、周恩来总理、胡志明主席等双方老一辈领导人亲手缔造、精心培育的，是两党两国和两国人民的宝贵财富。2023年12月，中共中央总书记、国家主席习近平对越南进行国事访问。两国高层达成重要共识：为继承和弘扬"中越情谊深，同志加兄弟"的友好传统，进一步深化和提升中越全面战略合作伙伴关系，双方一致同意构建具有战略意义的中越命运共同体。中越两国在联合声明中再次强调，要将两国老一辈领导人亲手缔造和精心培育的中越友谊继承好、维护好、发扬好。习近平总书记2023年12月13日在河内会见中越两国青年和友好人士代表时的讲话中，回顾了中越两国人民的传统友谊，其中提到了胡志明等越南革命者在广西进行革命活动，以及广西人民与胡志明和越南人民之间深厚情谊的不少事例。①2016年4月，越共中央总书记阮富仲在河内会见中国广西领导时表示："越中山连山水连水的睦邻友好关系，直接体现在与中国广西等边境地区的密

---

① 《习近平会见中越两国青年和友好人士代表时的讲话（全文）》，中国政府网，2023年12月13日，https://www.gov.cn/yaowen/liebiao/202312/content_6920157.htm，访问日期：2024年6月10日。

切合作和传统友谊上。越南人民永远不会忘记中国广西是老一辈革命家胡志明主席领导越南民族革命的大后方,永远不会忘记兄弟的中国人民对越南提供的帮助。"①2023年8月,越共中央总书记阮富仲在中国广西友谊关口岸对面的越南谅山省友谊口岸视察时指出,世界上只有越中友谊—友谊关口岸以"友谊"二字命名,这体现了越中两国人民"同志加兄弟"的特殊传统友谊。②

中越领导人对传承两国友谊的高度重视,对广西拥有的丰厚的中越友谊资源的关注和充分肯定,是对广西广大干部群众的巨大鼓舞和鞭策。广西必须发掘好、利用好中越友谊资源,讲好这方面的广西故事,并用这一宝贵的红色资源搭建中越两国人民友好交流的平台,使其在推动新时代中越关系,服务构建具有战略意义的中越命运共同体,服务国家周边外交方面发挥独特的作用。基于此,广西社会科学院中越友谊课题组特将多年来研究中越友好关系史及"胡志明与中国"课题中掌握的相关资料,加以系统梳理,编成这本《中越友谊的广西叙事》,着重反映以下四个方面的内容。

一、越南人民的伟大领袖胡志明自1938年底至1945年9月越南独立之前,曾以广西为基地进行革命宣传和组织工作,培训革命干部,积聚革命力量,并从广西回国直接领导越南革命。桂林、柳州,以及临近边境的龙州、靖西、那坡等县,都曾留下胡志明革命活动的足迹。广西人民多方掩护胡志明,甚至不惜牺牲自己的生命。胡志明与广西人民在共同的斗争中建立了极为深厚的革命情谊。中华人民共和国成立后,特别是1954年越南北方解放后,胡志明主席常常到广西访问、度假,并曾三次在广西过生日。广西的山山水水记载着胡志明主席传播友谊的身影,在广西人民心中留下了许多美好温馨的回忆。

二、20世纪50年代初至70年代中期,越南进行着艰苦的抗法、抗美战争,国内的办学条件受到了战争的影响。为了加速培养人才,经胡志明主席提出、中国政府同意,一批越南学校陆续搬迁到中国广西办学。南宁育才学校、桂林育才学校(越方统称为中央学舍区)及桂林"九二"学校(越南阮文追学校与

---

① 魏恒:《彭清华在河内会见越共中央总书记阮富仲》,《广西日报》2016年4月28日。
② 孙一、陶军:《越共中央总书记阮富仲:越南视发展对华关系为头等优先》,新华社河内2023年8月29日。

南方三所学校的统称）相继诞生。这些学校均由越方管理，中国提供教学场所、设施、后勤保障及部分教学与管理人员。据统计，曾在南宁和桂林育才学校学习的越南学生约有7000人，曾在桂林"九二"学校学习的越南学生约有5000人。他们学习回国后，成为越南抗战建国的骨干力量。这些学校的历史见证了中越两国人民在那段特殊岁月中的深厚情谊。

三、在越南抗法、抗美战争中，有不少伤病员需要医治。20世纪50年代初，广西南宁的中国人民解放军三〇三医院开始担负收治越南伤病员的任务，截至1958年，共收治越南伤病员2200多人。20世纪60年代末，桂林新建一所专门收治越南伤病员的南溪山医院，自1969年至1975年，共收治越南伤病员5400多人。这些伤病员经过医治后重新投入到越南抗战建国的伟大事业中。广西这两所医院在中越人民友好关系史上也书写了光辉的一页。

四、20世纪六七十年代，越南人民处在艰苦的抗美战争中，中国在广西防城县北部湾畔的一处小渔村建成并开通了运输援越物资的临时港口和隐蔽运输航线。这条专用运输航线被称为"海上胡志明小道"。自1972年8月开通至1973年4月的半年多时间里，通过这条"海上胡志明小道"共输送援越物资16万多吨，还有100多艘次的越南各种船舶在港口附近的企沙船厂进行修理。"海上胡志明小道"传递着中越两国人民的互助之情。

上述鲜明体现中越友谊的历史事件，在本书中都有比较具体和系统的记述。这些关于中越友谊的广西叙事，是留在中越两国人民心中永不磨灭的红色记忆。它历久而弥新，任由时光流逝，物换星移，永远冲不淡、抹不掉。它是广西特有的红色资源，是中越两国人民共同的宝贵财富。多年来，广西曾对胡志明与中越友谊的重要遗址进行了有效的保护工作，并在一些地方修建了纪念性建筑和陈列展览场馆，从而搭起弘扬中越友谊的重要平台，在对两国人民进行中越友谊传统教育，发展中越边境红色旅游，促进中越睦邻友好关系和全面战略合作伙伴关系中发挥了积极作用。今天，在中越携手推进具有战略意义的中越命运共同体建设的伟大进程中，这些红色资源必将进一步发挥其重要作用。我们要积极行动起来，努力发掘、盘活和用好中越友谊资源，要维护管理好胡志明革命活动和中越友谊重要遗址遗迹、纪念性建筑和展陈场馆，努力提升、完善和拓展传承中越友谊的渠道，规划宣传广西的"胡志明足迹"及中越友谊红色旅游线路，使广西丰厚的历史资源在教育中越两国人民，尤其是年轻一代赓续传承中越友谊、推进具有战略意义的中越命运共同体建设的事业中发挥出新的独特作用。

广西社会科学院中越友谊课题组
2024 年 10 月

LỜI TỰA

Trung Quốc và Việt Nam núi sông liền dải, có mối tình hữu nghị truyền thống lâu đời giữa nhân dân hai nước. Từ thời cận đại, trong cuộc đấu tranh giành độc lập và giải phóng dân tộc, xây dựng hiện đại hóa đất nước xã hội chủ nghĩa, nhân dân hai nước Trung - Việt đã đoàn kết chặt chẽ và hỗ trợ lẫn nhau, và thiết lập mối quan hệ hữu nghị nồng thắm không thể phá vỡ. Chủ tịch Hồ Chí Minh của Việt Nam đã ca ngợi tình hữu nghị Việt - Trung với câu thơ "Mối tình thắm thiết Việt - Hoa, vừa là đồng chí vừa là anh em". Bước vào thời đại mới, các lãnh đạo hai Đảng, hai nước Trung - Việt trong nhiều dịp đã nêu rõ, tình hữu nghị truyền thống Trung - Việt do Chủ tịch Mao Trạch Đông, Thủ tướng Chu Ân Lai và Chủ tịch Hồ Chí Minh cùng các nhà cách mạng tiền bối của hai nước đích thân gây dựng và dày công vun đắp là tài sản quý báu của hai Đảng, hai nước và nhân dân hai nước. Tháng 12 năm 2023, Tổng Bí thư Ban Chấp hành Trung ương Đảng Cộng sản Trung Quốc, Chủ tịch nước Cộng hòa Nhân dân Trung Hoa Tập Cận Bình đã thăm cấp Nhà nước tới Việt Nam. Các lãnh đạo cấp cao của hai nước đã đạt được nhận thức chung quan trọng: nhằm kế thừa và phát huy truyền thống hữu nghị "mối tình thắm thiết Việt - Hoa, vừa là đồng chí, vừa là anh em", tiếp tục làm sâu sắc và nâng tầm hơn nữa quan hệ Đối tác Hợp tác Chiến lược Toàn diện Trung Quốc - Việt Nam, hai bên nhất trí xây dựng Cộng đồng Chia sẻ Tương lai Trung Quốc - Việt Nam có ý nghĩa chiến lược. Trong Tuyên bố chung Trung Quốc - Việt Nam đã nhất trí, cần phải kế thừa tốt, bảo vệ tốt, phát huy tốt tình hữu nghị Trung - Việt do các nhà lãnh đạo tiền bối đích thân gây dựng và dày công vun đắp.

Ngày 13 tháng 12 năm 2023, khi phát biểu trong cuộc gặp gỡ hữu nghị với nhân sĩ và thế hệ trẻ hai nước Trung - Việt diễn ra tại Hà Nội, Tổng Bí thư Tập Cận Bình đã nhìn lại tình hữu nghị truyền thống giữa nhân dân hai nước, trong đó có nói tới chuyện hoạt động cách mạng của Hồ Chí Minh và những người cách mạng Việt Nam tại Quảng Tây, cũng như tình hữu nghị thân thiết giữa nhân dân Quảng Tây với Hồ Chí Minh và nhân dân Việt Nam.①

Tháng 4 năm 2016, khi tiếp Bí thư Đảng ủy Khu tự trị dân tộc Choang Quảng Tây Bành Thanh Hoa tại Hà Nội, Tổng Bí thư Ban Chấp hành Trung ương Đảng Cộng sản Việt Nam Nguyễn Phú Trọng nhấn mạnh, mối quan hệ láng giềng hữu nghị Việt - Trung được thể hiện trực tiếp qua sự hợp tác chặt chẽ và hữu nghị truyền thống ở khu vực biên giới với Trung Quốc như Quảng Tây. Nhân dân Việt Nam không bao giờ quên Quảng Tây là hậu phương của cách mạng dân tộc Việt Nam do Chủ tịch Hồ Chí Minh lãnh đạo, không bao giờ quên sự giúp đỡ quý báu của nhân dân Trung Quốc anh em.② Tháng 8 năm 2023, khi đến thăm tại Cửa khẩu Hữu Nghị tỉnh Lạng Sơn, Việt Nam, nơi đối diện với Cửa khẩu Hữu Nghị Quan của Quảng Tây, Trung Quốc, Tổng Bí thư Nguyễn Phú Trọng nhấn mạnh, trên thế giới chỉ có duy nhất khu vực biên giới ở đây có cửa khẩu mà Việt Nam đặt tên là Hữu Nghị và Trung Quốc cũng thống nhất đặt tên là "Hữu Nghị Quan". Tên gọi "Hữu Nghị" thể hiện tình hữu nghị truyền thống lâu đời giữa nhân dân hai nước Việt - Trung "vừa là đồng chí, vừa là anh em".③

Các lãnh đạo Trung Quốc và Việt Nam chú trọng việc kế thừa tình hữu nghị hai nước, quan tâm và đánh giá cao các nguồn lực hữu nghị Trung - Việt tại Quảng Tây, đó là sự cổ vũ và thôi thúc to lớn đối với đông đảo cán bộ, quần chúng nhân dân Quảng Tây. Quảng Tây phải khai thác tốt, sử dụng tốt các nguồn lực hữu nghị Trung - Việt, kể tốt câu chuyện Quảng Tây và sử dụng các "di tích đỏ" quý giá này để tạo ra nền tảng giao lưu hữu nghị giữa nhân dân hai nước, nhằm thúc đẩy phát triển quan hệ Trung - Việt trong thời đại mới, phục vụ xây dựng Cộng đồng Chia sẻ Tương lai Trung - Việt có ý nghĩa chiến lược, phục vụ ngoại giao láng giềng của nhà nước. Do vậy, Nhóm nghiên cứu đề tài tình hữu nghị Trung - Việt của Viện Khoa học Xã hội Quảng Tây, dựa trên các tài liệu liên quan về lịch sử quan hệ hữu nghị Trung - Việt và dự án "Hồ Chí Minh với Trung Quốc" đã được nghiên cứu trong nhiều năm, để biên

---

① "Toàn văn phát biểu của Tập Cận Bình tại cuộc gặp nhân sĩ hữu nghị và thế hệ trẻ Trung - Việt", Cổng Thông tin điện tử Chính phủ nước Cộng hòa Nhân dân Trung Hoa, ngày 13/12/ 2023, https://www.gov.cn/yaowen/liebiao/202312/content_6920157.htm, ngày truy cập: ngày 10/06/ 2024.

② Ngụy Hằng, "Bành Thanh Hoa gặp Tổng Bí thư Ban Chấp hành Trung ương Đảng Cộng sản Việt Nam Nguyễn Phú Trọng tại Hà Nội", Nhật báo Quảng Tây, ngày 28/ 04/2016.

③ Tôn Nhất, Đào Quân, "Tổng Bí thư Ban Chấp hành Trung ương Đảng Cộng sản Việt Nam Nguyễn Phú Trọng: Việt Nam coi phát triển quan hệ với Trung Quốc là ưu tiên hàng đầu", Tân Hoa xã, ngày 29/08/2023 tại Hà Nội.

soạn cuốn sách "Những câu chuyện về tình hữu nghị Trung - Việt tại Quảng Tây"này, cuốn sách tập trung phản ánh bốn nội dung chủ yếu sau đây.

Một là, từ cuối năm 1938 đến khi Việt Nam giành được độc lập vào tháng 9/1945, Hồ Chí Minh, vị lãnh tụ vĩ đại của nhân dân Việt Nam, đã lấy Quảng Tây làm căn cứ để tiến hành tuyên truyền cách mạng và công tác tổ chức, đào tạo cán bộ cách mạng, tích lũy lực lượng cách mạng, và từ Quảng Tây về nước trực tiếp lãnh đạo cách mạng Việt Nam. Các thành phố Quế Lâm, Liễu Châu, cũng như các huyện gần biên giới như Long Châu, Tịnh Tây, Na Pha… đều để lại dấu ấn hoạt động cách mạng của Hồ Chí Minh. Người dân Quảng Tây đã che chở Hồ Chí Minh bằng nhiều cách thậm chí sẵn sàng hy sinh. Hồ Chí Minh và nhân dân Quảng Tây đã thiết lập tình hữu nghị cách mạng vô cùng sâu sắc trong cuộc đấu tranh chung. Sau khi thành lập nước Cộng hòa Nhân dân Trung Hoa, đặc biệt là sau ngày miền Bắc Việt Nam giải phóng năm 1954, Chủ tịch Hồ Chí Minh thường đến thăm, nghỉ tại Quảng Tây, và đã tổ chức sinh nhật ba lần tại Quảng Tây. Núi sông Quảng Tây ghi lại hình ảnh Chủ tịch Hồ Chí Minh lan tỏa tình hữu nghị và để lại nhiều kỷ niệm ấm áp, tốt đẹp trong lòng người dân Quảng Tây.

Hai là, từ đầu những năm 50 đến giữa những năm 70 của thế kỷ 20, Việt Nam đã trải qua cuộc kháng chiến gian khổ chống Pháp và chống Mỹ, điều kiện các nhà trường trong nước bị ảnh hưởng bởi chiến tranh. Để đẩy nhanh việc bồi dưỡng nhân tài, với đề nghị của Chủ tịch Hồ Chí Minh và sự đồng ý của Chính phủ Trung Quốc, một số trường Việt Nam đã được lần lượt chuyển đến Quảng Tây, Trung Quốc. Trường Dục tài Nam Ninh, Trường Dục tài Quế Lâm (Việt Nam gọi chung là Khu học xã Trung ương) và Trường "92" tại Quế Lâm (bao gồm Trường Nguyễn Văn Trỗi và ba trường miền nam) lần lượt được thành lập. Các trường này do phía Việt Nam quản lý, Trung Quốc cung cấp trụ sở, cơ sở vật chất giảng dạy, hỗ trợ hậu cần và một số nhân viên giảng dạy và quản lý. Theo thống kê, khoảng 7000 học sinh Việt Nam đã theo học tại các trường Dục tài Nam Ninh và Quế Lâm, và khoảng 5000 học sinh Việt Nam đã theo học tại trường "92" ở Quế Lâm. Sau khi trở về nước, họ trở thành lực lượng nòng cốt trong công cuộc giành độc lập và xây dựng đất nước Việt Nam. Lịch sử của những ngôi trường này đã chứng kiến tình hữu nghị sâu sắc giữa nhân dân Trung Quốc và Việt Nam trong giai đoạn đặc biệt đó.

Ba là, trong cuộc kháng chiến chống Pháp, chống Mỹ ở Việt Nam, nhiều thương binh, bệnh binh cần được chữa trị. Đầu những năm 50 thế kỷ 20, Bệnh viện 303 của Quân Giải phóng nhân dân Trung Quốc ở Nam Ninh, Quảng Tây, bắt đầu nhận nhiệm vụ điều trị cho thương binh, bệnh binh Việt Nam, và đến năm 1958, hơn 2200 người thương binh, bệnh binh Việt Nam đã được chữa trị. Cuối những năm 60 thế kỷ 20, Bệnh viện Nam Khê Sơn, dành riêng cho điều trị thương binh, bệnh binh Việt Nam đã được xây dựng tại Quế Lâm. Từ năm 1969 đến năm 1975, hơn 5400 người thương binh, bệnh binh Việt Nam đã được điều trị tại Bệnh viện Nam Khê Sơn. Sau khi được chữa trị, các thương binh, bệnh binh đã trở về với sự nghiệp kháng chiến và xây dựng đất nước Việt Nam. Hai bệnh viện ở Quảng Tây này cũng đã viết nên một trang sử về quan hệ hữu nghị giữa nhân dân Trung Quốc và Việt Nam.

Bốn là, trong cuộc kháng chiến chống Mỹ gian khổ của nhân dân Việt Nam trong những năm 60 và 70 thế kỷ 20, Trung Quốc đã xây dựng và mở một cảng tạm thời và tuyến đường vận chuyển bí mật để vận chuyển vật tư về Việt Nam tại một làng chài nhỏ bên bờ vịnh Bắc Bộ, huyện Phòng Thành, Quảng Tây. Tuyến đường giao thông chuyên dụng này được gọi là "Đường mòn Hồ Chí Minh trên biển". Trong hơn nửa năm kể từ khi khai thông vào tháng 8/1972 đến tháng 4/1973, hơn 160.000 tấn vật tư viện trợ cho Việt Nam đã được vận chuyển qua "Đường mòn Hồ Chí Minh trên biển", ngoài ra, còn có hơn 100 lượt tàu thuyền Việt Nam được sửa chữa tại Xưởng đóng tàu Xí Sa gần cảng. "Đường mòn Hồ Chí Minh trên biển" đã truyền tải sự giúp đỡ lẫn nhau giữa nhân dân Trung Quốc và Việt Nam.

Các sự kiện lịch sử thể hiện rõ ràng tình hữu nghị Trung - Việt nêu trên, đều được ghi lại một cách cụ thể và có hệ thống hơn trong cuốn sách này. Những câu chuyện về tình hữu nghị Trung - Việt tại Quảng Tây là những ký ức không bao giờ phai mờ trong lòng nhân dân hai nước dù thời gian trôi đi, vật đổi sao dời, nó là tài sản độc đáo của Quảng Tây, là di sản quý giá chung của nhân dân Trung Quốc và Việt Nam, có tác dụng tích cực giáo dục nhân dân hai nước về truyền thống hữu nghị Trung - Việt. Trong nhiều năm qua, Quảng Tây đã thực hiện công tác bảo vệ hiệu quả các địa điểm hữu nghị quan trọng, và đã xây dựng các tòa nhà kỷ niệm và nơi trưng bày ở một số nơi, do đó tạo nên nền tảng quan trọng để thúc đẩy tình hữu nghị Trung - Việt, và đã phát huy tác dụng tích cực trong việc giáo dục nhân dân hai nước về tình hữu nghị truyền thống Trung - Việt, phát triển du lịch "di tích đỏ" ở biên giới Trung - Việt, thúc đẩy quan hệ láng giềng hữu nghị và quan hệ Đối tác hợp tác chiến lược toàn diện Trung-Việt. Ngày nay, trong tiến trình vĩ đại của Trung Quốc và Việt Nam chung tay thúc đẩy xây dựng Cộng đồng Chia sẻ Tương lai Trung - Việt có ý nghĩa chiến lược, những "di tích đỏ" này chắc chắn có đóng một vai trò quan trọng hơn nữa. Chúng ta phải hành động tích cực, nỗ lực khai thác và sử dụng tốt các tài nguyên của tình hữu nghị Trung - Việt, bảo tồn, quản lý tốt các di tích, các công trình và nơi trưng bày tưởng niệm quan trọng về hoạt động cách mạng Hồ Chí Minh và tình hữu nghị Trung - Việt, không ngừng tăng cường, hoàn thiện và mở rộng các kênh kế thừa tình hữu nghị Trung - Việt, quy hoạch, triển khai du lịch "Dấu chân Hồ Chí Minh" và các tuyến du lịch hữu nghị Trung - Việt, để các "di tích đỏ" phong phú của Quảng Tây tiếp tục truyền lại tình hữu nghị cho nhân dân Trung - Việt, đặc biệt là thế hệ trẻ, kế thừa và phát huy truyền thống hữu nghị, thúc đẩy xây dựng Cộng đồng Chia sẻ Tương lai Trung - Việt có ý nghĩa chiến lược.

Nhóm Nghiên cứu đề tài tình Hữu nghị Trung - Việt
của Viện Khoa học Xã hội Quảng Tây
Tháng 10 năm 2024

目 录
MỤC LỤC

第一章　胡志明在广西的足迹 ································· 1
Chương I　Dấu chân của Hồ Chí Minh tại Quảng Tây ················ 1

　　一、胡志明在桂林（1938—1940） ························· 3

　　二、胡志明在靖西、龙州、那坡（1940—1945） ············· 10

　　三、胡志明在柳州（1942.12—1944.8） ····················· 40

　　四、抗法战争中胡志明到广西（1950—1954） ··············· 53

　　五、胡志明在广西访问与度假（1955—1965） ··············· 61

第二章　八桂大地上的越南学校 ····························· 75
Chương II　Các trường Việt Nam trên đất Quảng Tây ················ 75

　　一、南宁、桂林育才学校（1951—1958） ··················· 76

　　二、桂林"九二"学校（1967—1975） ······················ 112

第三章　越南抗战中的广西后方医院 ························ 139
Chương III　Bệnh viện hậu phương tại Quảng Tây trong thời kháng chiến tại Việt Nam　139

　　一、南宁三〇三医院（1951—1958） ······················· 140

　　二、桂林南溪山医院（1969—1975） ······················· 153

第四章　以广西为起点的"海上胡志明小道" ……… 175
Chương IV "Đường mòn Hồ Chí Minh trên biển" với điểm khởi đầu là Quảng Tây 175

一、中央下达"322"指示 ……………………………… 177

二、昔日小渔村建成了战备港口 ……………………… 179

三、繁忙的援越物资隐蔽运输航线 …………………… 183

四、"海上胡志明小道"的今天 ………………………… 187

第一章
胡志明在广西的足迹

Chương I
Dấu chân của Hồ Chí Minh tại Quảng Tây

越南人民的伟大领袖胡志明从小就树立了驱逐法国殖民者、解放越南同胞的远大志向。为了寻找救国道路，1911年6月，21岁的胡志明离开祖国，前往欧洲，开始了漫长的国外革命斗争历程。

1924年11月，胡志明自莫斯科来到中国大革命的策源地广州。在中国共产党的帮助下，胡志明在广州创立了越南青年革命同志会，举办了特别政治训练班，培训了一批越南青年革命骨干，为建立越南无产阶级政党、推进越南革命打下了基础。

1930年至1933年，胡志明在中国香港进行革命活动，并在中国共产党的帮助下，成功召开统一越南国内三个共产主义组织为一个共产党的会议。越南共产党于1930年2月3日在中国香港宣告成立。

中国抗日战争期间，胡志明于1938年从莫斯科来到中国延安。在与毛泽东和中共中央领导同志会见后，胡志明跟随叶剑英同志南下至广西桂林。在八路军桂林办事处一边参加中国共产党的工作，一边关注越南国内的斗争局势，寻找回国直接领导革命斗争的机会。

自1938年底至1945年，越南取得"八月革命"胜利宣告独立，胡志明多数时间是在广西进行革命活动，主要在桂林、柳州、靖西、龙州和那坡等地。其间，胡志明得到广西人民的许多帮助，与广西人民在共同的革命斗争中建立了深厚的友谊。

越南独立后，法国殖民者于1946年9月卷土重来，重新发动对越南的侵略战争。越南抗法战争再度爆发，直至1954年日内瓦会议后越南北方解放。在此期间，胡志明也有几次从越北根据地来到广西。

越南北方解放后，自1955年至1965年，胡志明主席又多次在出国访问时顺访广西，也曾多次专程从越南到广西访问、度假、过生日，给广西人民留下了许多美好难忘的回忆。

一、胡志明在桂林（1938—1940）

（一）在八路军桂林办事处

1938年年底，胡志明自延安来到桂林。此后一段时间，胡志明化名胡光，以八路军军人的身份住在八路军桂林办事处（以下简称八办）。

抗日战争时期，八路军桂林办事处对外办公地点是桂北路138号（今中山北路98号）。桂林市郊今灵川县路莫村则是后勤、交通、电台等部门的驻地，"八办"的大部分工作人员住在这里，机关内部的主要活动也在此进行。这座村子位于桂林市区北边约5公里的湘桂铁路旁，分成路东和路西两部分。胡志明和"八办"的大多数工作人员住在路西，见图1-1、图1-2。

图1-1 八路军桂林办事处旧址。胡志明1938年底来到这里

图1-2 八路军桂林办事处机关驻地灵川县路莫村

在八路军桂林办事处，胡志明被安排在救亡室工作。救亡室是一个类似俱乐部的机构，胡志明是救亡室领导成员之一，兼任墙报委员和卫生委员。据曾在救亡室工作的同志回忆，胡志明对自己分管的工作非常认真负责。他检查卫生相当仔细，哪个部门或谁家的卫生搞得不好，他都会严肃地指出来。胡志明还负责编辑《生活小报》。那是八办机关内部办的一份小报，内容多是机关内的生活小事，有表扬，也有批评，约十来天出一期，稿件都是用毛笔抄在纸上再装订成册的。胡志明为小报设计了封面，书写了报头，并负责编辑和抄写。除撰稿外，他还喜欢仿照中国旧体诗的形式写些小品刊登在小报上。胡志明在八路军桂林办事处的时候，每天很早起床，然后打扫卫生。胡志明喜欢锻炼身体，每天都安排一些时间做体操，或将沙袋绑在小腿上做运动，有时也会到附近小河游泳。机关内部常常有一些联谊活动，如朗诵会、歌咏会、军民联欢会等，胡志明都积极参加。所有这些都给办事处的同志们留下深刻的印象。[①]

胡志明在桂林的日子里，除了参加八路军办事处机关的各项活动外，很多时间都在阅读报刊和收听广播，并用打字机整理资料和撰写各种文稿。胡志明使用的法文打字机，是八路军办事处负责交通工作的同志外出执行任务途经越南海防时，专门为他购买的。胡志明将撰写的文稿，或寄到莫斯科的共产国际机关，或寄回越南，在越共秘密组织出版的法文《我们之声》上发表。我们从越南出版的《胡志明全集》第三卷中可以看到，胡志明在桂林期间写下的文稿有《中国来信》（共7篇）、《日本人欲怎样"开化"中国》、《中国工人在抗日战争中的英雄主义》、《致共产国际东方部某同志的信》、《我牢记并传达的指示》、《致共产国际的报告》等，共23篇。这些文稿，介绍了中国人民正在进行的抗日战争的情况，控诉了日本帝国主义对中国的野蛮侵略，同时对共产国际的工作和越南国内的斗争提出自己的看法。

---

① 参见黄铮：《胡志明与中国》，解放军出版社，1987，第54—55页。广西壮族自治区档案局、广西社会科学院编著《胡志明与广西》，广西人民出版社，2006，第122—123页。本章所叙述胡志明在广西活动的具体内容，除特别注明出处之外，均引自《胡志明与广西》。

（二）自桂林赴衡山、龙州和昆明

1939年夏天，胡志明一度离开桂林八路军办事处前往湖南衡山，参加西南游击干部训练班的工作。该游击干部训练班是当时国共合作在南岳举办的，第一期于1939年2月15日开学，5月15日结业；第二期于6月20日开学，9月20日结业。胡志明作为中国共产党派出的工作人员，参加了第二期训练班的工作，具体的工作任务是在电台收听国际新闻广播，并兼任翻译。根据有关资料，胡志明填报的个人资料如下，见图1-3：

姓名：胡光

职务：少校台员

年龄：38岁

籍贯：广东

单位：第十八集团军

在何学校毕业：岭南大学

曾干何工作：中学教员、外国语学校校长[①]

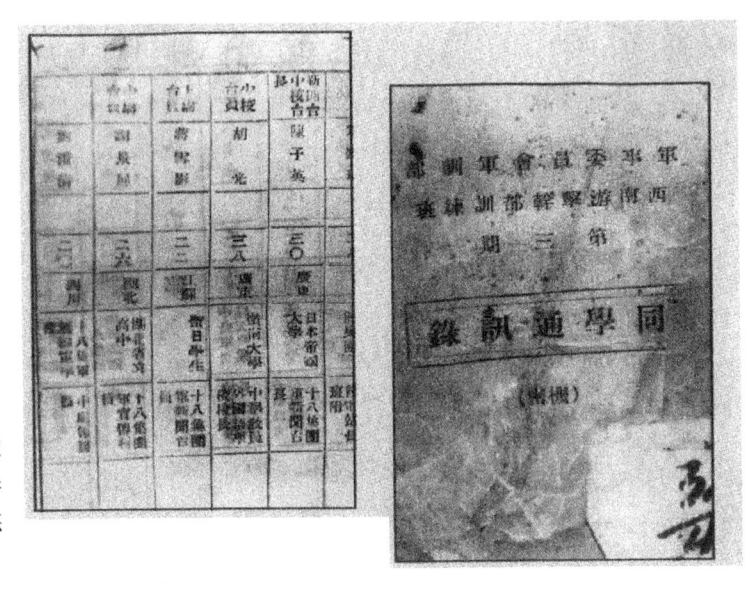

图1-3 胡志明自桂林到衡山参加"游击干部训练班"的登记名册

---

① 《军事委员会军训部西南游击干部训练班第三期同学通讯录》，湖南省档案馆藏。

游击干部训练班第二期结业后，第三期按计划于11月开学。但胡志明没有参加第三期的工作。因为这时越南国内的党组织向中国共产党打听胡志明的下落，并准备派人到广西龙州与胡志明接头。胡志明于是自湖南返回桂林，在八路军办事处负责交通工作的李佩群同志的护送下，于1939年10月间自桂林来到龙州。胡志明到龙州后，在县城河边的一家小旅馆住了下来，可是一连等了三天，都不见有越南同志前来接头，只好离开龙州又回到桂林。后来得知，从越南派来接头的同志到龙州后，给人骗光了钱，在胡志明到龙州之前不得已又回去了。

胡志明回桂林后，中国共产党一面继续帮助胡志明设法与越南的党组织取得联系，一面让胡志明以八路军军人的身份在西南一些地方活动，以便他进一步了解中国抗日战争的情况，为领导越南革命做准备。

这一时期，越南共产党在昆明成立党的秘密机关"海外部"。在中国共产党云南地方组织的帮助下，胡志明于1940年2月来到昆明，与越共"海外部"的冯志坚、武英，以及刚从越南到此的范文同（化名林伯杰）、武元甲（化名杨怀南）取得了联系，开始在昆明和滇越铁路沿线指导越南共产党秘密组织的活动。1940年下半年，根据斗争形势的变化，胡志明召集越共"海外部"同志开会，提出"海外部"工作的中心要从云南转移至广西，第一步是先转移至桂林，然后再转至广西中越边境地区，最后回国建立革命根据地，开展武装斗争。1940年10月，胡志明与越共"海外部"的一批骨干，其中包括武英、冯志坚、范文同、武元甲等，陆续从昆明来到桂林。胡志明仍住在八路军桂林办事处。

（三）成立"越盟"桂林办事处

胡志明回到桂林之后，积极创造条件，使越南共产党"海外部"成员以合法的身份公开活动，以便更好地宣传越南革命，为越南民族解放斗争营造良好的外部舆论环境。1940年前后，在广西聚集了一批越籍人士，其中有一位老资格的越南爱国志士胡学览，当时在李济深主持的军委会桂林办公厅任职。在柳州则有在第四战区司令部任职的张佩公，以及阮海臣等人。早在1936年，胡学览就在杭州参与创立"越南独立运动同盟会"（以下简称"越盟"），该组织在成立时已获国民党政府批准注册。胡志明认为，越共"海外部"既已转移到桂林，就不能默默无闻，而必须有所活动。要公开活动就必须有合法的身份，而最好的办法就是抬出胡学览，以"越盟"的名义进行活动。于是，胡志明安排范文同等人与胡学览会商，达成了在桂林成立"越盟"办事处的计划；与此同时，又让范文同等拜会李济深，提出批准"越盟"在桂林恢复活动的请求。鉴于"越盟"原先已获批准注册，在桂林成立办事处也就很快得到了当局的批准。"越盟"办事处以胡学览为主任，范文同为副主任，实际工作则由胡志明和越共"海外部"主导。在桂林的越南共党人于是有了一个可以公开活动的合法身份。

1940年9月日本进攻越南之后，越南的局势引起了中国举国上下的关注。抗日战争时期的中越关系亦成为在桂林的各界人士经常谈论的话题。胡志明认为，应当抓住这一时机，在桂林加强对越南革命的宣传，以唤起中国和国际舆论关注越南问题，支持越南革命。在胡志明的布置下，"越盟"办事处通过胡学览的关系，与当时广西政界的一些头面人物接触；又通过李克农和八路军办事处的关系与桂林文化界、新闻界一些知名人士接触，共同酝酿成立中越文化工作同志会这一国际性的团体。1940年12月8日，中越文化工作同志会正式在桂林成立。胡学览、范文同、武元甲等人均以"越盟"办事处代表的身份加入了理事会。从筹备成立"越盟"办事处到成立中越文化工作同志会的过程中，在桂林的越南共产党人得以在许多公开场合进行活动。他们积极宣传越南革命，唤起舆论界和进步人士对越南革命的同情和支持，收到了很好的效果。比如，在筹备成立中越文化工作同志会期间，在桂林曾召开"中越问题研讨会"。范文同、武元甲都在该研讨会上发言，阐述越中关系的历史和现状，揭露日本帝国主义侵华侵越的罪行，介绍越南国内的情况，呼吁社会各界人士支持越南争取民族独立的斗争，产生了广泛的影响。[①]

---

① 《抗战时代》，广西绥靖公署政治部主办，二卷五期。

（四）给《救亡日报》投稿

胡志明来到桂林的时候，正是中国共产党创办的报纸《救亡日报》自广州迁至桂林并于1939年初复刊出版的时候。胡志明十分喜爱这份由郭沫若任社长、夏衍任总编辑的报纸，几乎每日必读。阅读之余，他产生了给《救亡日报》投稿的想法。于是，胡志明以"平山"为笔名，写成一些短文，带着进城，亲自送到位于桂林市太平路的《救亡日报》社。在夏衍同志的关照下，这些文章都得到发表。自1940年11月中旬至12月中旬，胡志明在《救亡日报》发表文章共11篇，见图1-4。这些文章是：《天上固昧》（1940.11.15）、《池蜗与黄牛》（1940.11.24）、《罗斯福先生的恶作剧》（1940.11.27）、《两个凡尔赛政府》（1940.11.29）、《造谣》（1940.12.1）、《越南人民与中国报纸》（1940.12.2）、《安南歌谣与中国抗战》（1940.12.4）、《鱼目混珠》（1940.12.5）、《"血统"谈》（1940.12.8）、《意大利实不大利》（1940.12.16）、《越南"复国军"还是卖国军》（1940.12.18）。①

图1-4 胡志明在《救亡日报》发表的若干文章

胡志明的这些文章的共同特点是，篇幅短小，语言风趣，观点鲜明，寓意深刻。文章的内容，有的是针对国际反法西斯战争进程及越南国内局势发表的时政评论，有的反映了抗日战争和世界反法西斯战争时期的中越关系。

---

① 关于胡志明为《救亡日报》撰文，参见黄铮：《抗日战争时期胡志明为〈救亡日报〉撰文考略》，载《中越关系史研究辑稿》，广西人民出版社，1992。

其中有的文章，介绍了越南民众对中国抗日战争的支持，反映了越中两国唇齿相依的关系，体现了中越两国悠久而深厚的传统友谊。比如，在《安南歌谣与中国抗战》一文中，胡志明以记者的口吻，报道了越南人民支持中国抗战的情况。文章中说："绝大多数越南人民对中国抗战表示无限的同情，他们祝祷我们打胜。""他们有时秘密募捐，偷偷送到华侨同胞的爱国团体，因此被法国殖民当局拘禁"……

胡志明还在文章中向中国读者介绍了经他整理的一首歌谣：

日本东方法西斯，野蛮凶暴又残酷。
发动了侵华战争，中国人民被荼毒。
人被杀了家被焚，满地血红满山骨。
飞机炸弹无可免，饥寒疾病难生活。
他们艰苦地斗争，保卫民主与和平。
他们需要援助者，他们需要有同情。
日鬼向世界进攻，他是人类之公敌。
越南兄弟姐妹啊，快快起来助中国。
努力帮助中国人，中国越南如唇齿。
须知唇亡则齿寒，救中国是救自己。

关于胡志明给《救亡日报》投稿的往事，1957年夏衍率中国文化代表团访越与胡志明主席会见时，这两位老朋友曾经共同回忆。胡志明对夏衍说："我的那篇文章，你给了我五元钱的稿费。五元钱，在当时是很派用场的呢。"说罢两人都大笑起来。

中国抗日战争时期，胡志明在桂林《救亡日报》以"平山"为笔名发表的11篇文章，已经全部编入越南新版的《胡志明全集》。《安南歌谣与中国抗战》一文中所介绍的那首歌谣式的诗，也已编入越南文学出版社出版的《胡志明诗集》。主编者将该歌谣的最后一句"救中国是救自己"作为这首诗的标题。

二、胡志明在靖西、龙州、那坡（1940—1945）

（一）自桂林转移至靖西

1940年12月下旬，胡志明和越南共产党"海外部"成员自桂林经柳州、南宁、田东转移至靖西。

广西靖西县与越南高平省比邻。自20世纪30年代中后期起，就有越南革命者黎广波、陈山洪、黄参、黄国云等人在靖西进行革命活动。他们常常自越南高平省越过边界进入靖西，并结识了靖西的不少壮族农民，彼此建立了深厚的感情。这也为后来胡志明和越共"海外部"成员转移至靖西领导越南革命打下了很好的基础。

胡志明与越共"海外部"成员自桂林转移至靖西，是根据形势发展和斗争需要作出的决定。1940年夏秋间，在柳州第四战区司令部任职的越籍军官张佩公接受了中国国民党的一项指令，为抗战后期中国军队进入越南作准备。为此，张佩公四处搜罗越籍人士，组成"中越边区工作队"，将他们带到靖西，在中越边境地区进行活动。适逢越南青年40多人在高平举行抗法起义后，受殖民当局追捕而逃入靖西。由于不明真相，这些青年便投奔了张佩公的队伍。张佩公部下有个越籍军官将此事报告了桂林的"越盟"办事处，并建议派人来靖西。为了争取这批越南革命青年，同时也为了创造回国领导武装斗争的条件，胡志明于1940年11月先派武英等人到靖西，相机行事。武英到靖西后，找到了原先已在靖西活动的越南革命者黎广波、陈山洪等人，随后与这批越南青年取得联系，同时劝说张佩公发电报到桂林，邀请"越盟"办事处人员到靖西商讨工作。于是，胡志明等人于1940年12月下旬自桂林来到靖西。

胡志明到靖西后，开头十多天住在离县城不远的新圩街村民曾之鸿开的小客栈里（今靖西新圩街唐那巷49号、53号）。此处是越南革命者黎广波、黄参等建立的交通联络站。在这里，胡志明听取了在靖西的越南同志汇报的越南国内的情况，以及张佩公的"中越边区工作队"动态。随后，胡志明做出部署，派武英回越南，在靠近边界的地方选择一个合适地点，作为越南共产党秘密指挥机关的驻地；同时决定对张佩公采取又联合又斗争的做法，从中分化他的队伍，把那些越南青年争取过来，加以培训，成为革命的力量。

胡志明在新圩期间，越共中央曾派黄文树、长征、黄国越等前来与胡志明会见，他们向胡志明汇报了国内革命斗争以及越共中央将要召开的第八次会议的准备工作等情况。在此期间，胡志明还不时从新圩来到县城与新圩之间的渠刚屯，与在县城进行革命活动的范文同、武元甲、冯志坚等同志接头，商讨工作。

武英回到越南后，很快就选择了高平省河广县北坡村作为越共指挥机关驻地。这个地方紧靠中越边界，向北翻过山头，越过108号界碑就是中国靖西县的孟麻。分化张佩公队伍的工作，也取得了成效，那些投奔张佩公"边区工作队"的40多位越南青年，很快便被争取过来。

（二）在念光屯开办越南干部训练班

1941年1月上旬，胡志明将张佩公队伍中拉过来的40多名越南青年，集中到靖西县葛吞乡孟麻村念光屯举办训练班，见图1-5。念光屯靠近中越边界，这里群众基础较好，村民同情越南革命，他们为胡志明办训练班提供了很多帮

图1-5 靖西县边境念光屯，胡志明在这里开办越南干部训练班

助。训练班于 1941 年 1 月初开办，时间为 20 天。参加训练班的有 40 多人，绝大多数是从高平省过来的革命青年，也有过去曾在靖西一带边境地区进行革命活动的越南革命者。念光屯是偏僻贫穷的小山村，农民生活比较困难。要解决训练班开办期间的吃住问题，不是件容易的事。但是，当地群众热情安排训练班学员到家中住宿，想方设法凑到了足够的粮食，确保了训练班的顺利进行。训练班上课的地点在念光屯村边一处叫"里弄"的洼地和一处叫"岩怀"的岩洞。训练班由胡志明亲自指导，负责讲课的有胡志明、范文同、武元甲、武英、冯志坚等，其主要课程有政治理论、革命的宣传工作和组织工作，以及军事知识等，见图 1-6。武元甲曾在回忆文章中谈到了当年靖西念光屯训练班的情况。

> 胡伯伯指导冯志坚、武英、范文同和我四人制定训练班计划，并分工各人编写宣传、组织、训练、斗争等方面的教材。教材写出后，碰头交换意见，一起读，并补充修改。胡伯伯工作很细心、周到，对教材既要求注重政治内容，又要求明确、简短、精炼，语言易懂，符合群众的接受能力。[①]

图 1-6　画作：胡志明为念光屯干部训练班学员讲课（作者：覃增雄）

---

① 武元甲：《越南革命军之父》，载《我们的胡伯伯》，越南外文出版社，1972，第 249 页。

胡志明在靖西念光屯开办训练班的讲稿，后来经过整理并补充进1941年5月在北坡召开的越共中央第八次会议决议中关于准备武装起义的内容，汇编成《解放之路》一书，在越北革命根据地多次印刷出版，成为1941年后越共中央教育培训干部的重要教材，以及指导越南革命的重要文件。

训练班举办期间，胡志明借住在念光屯村民许嘉启家中（今念光屯15号，见图1-7）。空余时间，胡志明常常帮住户干些劈柴、磨玉米、挑水的家务活。离开念光屯时，他曾将一把剪报用过的剪刀送给许家大嫂，供她缝补衣服使用，并留作纪念。

训练班结束时，临近农历新年了。念光屯的村民们争相把越南学员请到自己的家中热情招待。大年初一，胡志明也带着训练班学员给村民们拜年，给孩子们分派"利是"小红包。小小的山村洋溢着中越人民亲如一家的气氛。这批越南青年经过学习培训后，全都被派回越南，到各地的基层组织开展革命工作。胡志明曾比喻说，他们就像43只大鹏鸟展翅飞回越南。

胡志明在靖西念光屯开办越南干部训练班已经写进越南革命史书中。越南

图1-7 胡志明借住的念光屯住户许嘉启家旧宅

胡志明博物馆领导和专家曾经到念光屯考察胡志明革命活动遗址，并邀请该屯村民代表团访问越南。

（三）进出经过靖西108号界碑

靖西念光屯训练班结束之后，胡志明召集在靖西的越南同志开会，对今后一段时间的工作作出部署，安排范文同、武元甲等人留在靖西，在靖西县城成立"越盟"靖西办事处，建设靖西革命基地，并继续与张佩公打交道，合法地开展活动。胡志明则与武英、冯志坚、黎广波等人越过边界，到越南北坡中央秘密指挥机关驻地。

胡志明一行于1941年1月28日（农历正月初二）从靖西县孟麻街弄坡文旧108号界碑（今为新编675号界碑）处跨过边界，返回北坡。这是胡志明于1911年离开越南到国外寻找救国道路30年后第一次回到祖国。1月28日成为越南纪念胡志明主席回国领导革命的纪念日，108号界碑所在地也成为越南革命史和中越友好关系史上重要的革命纪念地。越南美术工作者曾以当年胡志明经108号界碑回国为题材，创作了一幅宣传画，生动地记录下了这一历史时刻，见图1-8。

图1-8　画作：1941年1月28日胡志明经广西靖西边境回国（越南胡志明博物馆提供）

图 1-9 新编 675 号界碑处

胡志明回到越南之后，正式在北坡建立了越共中央指挥机关，并以这里作为革命根据地的核心区，领导越南武装革命斗争。然而，北坡一带也常常受到法国殖民者的袭扰，以致胡志明回国后，不得不常常越过边界，到靖西一侧进行活动，在这里组织领导越南革命。1941 年 5 月越共中央在北坡召开第八次会议前后，胡志明频繁经过 108 号界碑，往返于靖西与北坡之间，见图 1-9 和图 1-10。

108 号界碑距越共中央机关所在的越南高平省河广县北坡村仅 3 公里。在 108 号界碑附近中国一侧，原本有靖西县孟麻街村民李国嵩家的旧宅。这里是 20 世纪 40 年代初胡志明等越南革命者可靠的落

图 1-10 胡志明回国经过的靖西旧 108 号（新编 675 号）界碑

脚点。李国嵩原在孟麻街上居住，后来搬到108号界碑附近的弄坡文，在这里用茅草搭建了高脚屋。由于这个地段是进出越南北坡与靖西的必经之地，越南革命者黎广波、陈山洪等很早就与李国嵩结识，把李国嵩的家作为越南革命的联络点。这里后来又成为胡志明和他的战友武英、冯志坚、范文同、武元甲等人经过中越边境时暂住和歇息的地方。李国嵩夫妇和他们的女儿美妮对胡志明和他的战友视同亲人，每每给予热情接待、妥善掩护。黎广波等越南老一辈革命家曾在他们的回忆录中，叙述了胡志明主席和他的战友在李国嵩家中受到各种关照的情况。后来，李国嵩觉得自己的住所目标较大，为了胡志明的安全，便在离住家不远的石山上物色了一处岩洞，在里面架起床铺，成为隐蔽的藏身之所。这个岩洞一侧洞口在靖西县境内，另一侧洞口下方却是越南北坡的地界。该岩洞后来成为胡志明等越南革命者往来边界时的歇息和藏身之所。靖西当地群众将此岩洞称为孟麻"胡志明洞"。

如今，108号界碑所在地已经成为重要的胡志明革命活动遗址和纪念地。2015年，靖西人民在这里建了一处革命遗址公园。园中建有胡志明亭、胡志明回国纪念碑、描绘胡志明当年回国情景的浮雕墙，以及反映胡志明与越中友谊的图片陈列室，见图1-11，附近的"胡志明洞"也进行了修整。作为留有胡志明革命足迹的重要场所，这里正吸引着越来越多的中越两国人民前来参观游览。

图1-11 广西靖西县人民在旧108号界碑附近修建的胡志明亭

（四）在靖西与壮族农民结拜兄弟

1941年5月越共中央第八次会议召开前后，胡志明有时在越南北坡，有时在中国靖西。自20世纪30年代起，就有越南革命者在靖西县进行革命活动，他们结识了不少壮族农民，也打通了好几条自越南北坡通向靖西各地的交通线。在每一条交通线上，都有他们所熟识的壮族农民的家作为越南革命者的落脚点。依靠着这样的条件，胡志明后来奔走来往于北坡和靖西之间时就非常方便。在各条交通线上，胡志明同样结识了不少壮族农民，与他们建立了深厚的感情。为了革命工作的需要，胡志明等越南革命者还与多位靖西壮族农民一起，按照中国民间传统方式结拜兄弟，表示要风雨同舟，患难与共。参加结拜的越南人有胡志明、黎广波、陈山洪、高洪岭、黄国云、杨大林等，靖西农民则有张廷围（靖西龙临街农民），林碧峰（靖西荣劳街农民），徐伟三、王锡机（靖西巴蒙街农民），农友丰（靖西渠洋街农民），张国瑞（靖西孟麻街农民）等。根据各人年岁的大小，张廷围被尊为大哥，胡志明为二哥，林碧峰为三哥……从此，两国同志情同手足，相处更加亲密。胡志明与靖西农民结拜兄弟，成为中越友好关系史上的一段佳话。①

在胡志明奔走于中越边境领导越南革命的日子里，靖西县不少农民的家成为可靠的落脚点。距靖西县城约20公里的巴蒙街，胡志明和他的战友常常进进出出，多数时间住在村民徐伟三家中。徐伟三一家全力支持胡志明和他的战友的革命活动，为他们提供食宿，担任交通联络，负责安全掩护，协助购买、收藏、运送武器和药品。有段时间，国民党的乡警常进街搜查，徐伟三为了胡志明的安全，又妥善地将胡志明转移至巴蒙街附近的一座石山的岩洞中暂住，见图1-12。

靖西县龙临街村民张廷围，是胡志明的结拜大哥。1941年至1942年间，胡志明经常在张廷围家中落脚。那时的张家是一所茅舍，搭盖在街边一处斜坡上，屋前有棵大榕树。利用靠近村边的条件，胡志明来往进出时可以不经过村街，从而避免被乡警过多注意。张廷围和他的儿子张其超、侄子张其箴把胡志明当

---

① 胡苏：《中越边境漫步》，《人民日报》1963年2月17日。

图 1-12 靖西巴蒙街村民徐伟三旧宅，胡志明常在此落脚

作自己的亲人看待，管吃管住，悉心照料，有时还帮胡志明送信或带路。胡志明每次到张家，都像回到自己家中一样，见图 1-13。吃饭的时候，胡志明常常会盛上一碗玉米粥，蹲在张家门前的大榕树下，一边吃着，一边与村民拉家常。胡志明跟村民谈到越南人民在法国殖民统治下饱受的苦难和正在进行的抗法斗争，强调越中两国人民自古以来就是兄弟，大家应当互相支持。村民们都十分喜欢这个长得像"地理先生"，知识渊博、和蔼可亲的长者。胡志明常进出张家，次数多了，难免引起乡警注意。为了安全，张廷围和家人后来又将胡志明和他的战友带到离张家3里路的一处岩洞暂住或歇息。

靖西县荣劳街村民林碧峰，也曾与胡志明等越南革命者结拜兄弟，排为"老三"。他的家同样是胡志明和他的战友的可靠落脚点，见图 1-14。林碧峰和他的儿子林大凡、女儿林祥柳多方帮助和掩护胡志明。林碧峰与林大凡常常给越南革命者送信、带路，帮助购买武器弹药，秘密送到北坡。有一次，胡志明正在林碧峰家歇息，乡警突然进街搜查，林碧峰的女儿林祥柳立刻把胡志明藏到柴草间的角落里，再搬来几大捆柴草将其遮挡住，躲过了乡警的搜查。1942年8月，胡志明在德保县被扣留押回靖西时，又被林祥柳去德保县赶街时看见，她立刻放弃赶街返回靖西，将此情况告知越南革命者黎广波。

图 1-13 靖西龙临街村民张廷围旧宅，胡志明常在此落脚

图 1-14 靖西荣劳街村民林碧峰旧宅，胡志明常在此落脚

胡志明等越南革命者当年在靖西进行革命活动的时候，有不少壮族农民的家庭为帮助越南革命作出过贡献。根据相关资料，靖西县为越南革命作出过贡献的群众（当时在世的）有：巴蒙街徐伟三、王锡机、杨纯强，渠洋街农友丰，

龙临街张其超，荣劳街林大凡，孟麻街黄德有，南坡区何建新、许秀好、梁国道，弄仍圩高耀辉，安德区许其明等人。他们的主要事迹是：提供吃住，负责交通联络，帮助购买武器，提供安全掩护等。①

由于靖西县壮族农民的热情帮助，胡志明和他的战友能够比较顺利地在越中边境地区进行越南革命的宣传和组织领导工作。

1945年越南独立后，特别是1954年日内瓦协议签订、越南北方解放后，胡志明主席对昔日帮助过越南革命的靖西农民常挂心上。胡主席不时托人给徐伟三、张其超等人写信问候，新年时寄上有胡志明亲笔签名的贺卡。1957年，靖西龙临街张廷围大哥去世，胡志明托人写信悼念，并捎来30米黑色绸缎作张廷围奠幛之用。1963年，胡志明邀请广西靖西、那坡县边境群众代表访问越南，靖西县受邀的有徐伟三、张其超、林大凡、农友丰4人。胡志明主席在河内亲切接见了他们，在座谈时回忆了当年在靖西的斗争生活，对广西边境农民群众支持帮助越南革命表示感谢。胡主席还和他们合影留念，并安排他们到越南各地参观。徐伟三当时因故未能前往越南，胡志明主席得知后，又专门委托越南驻南宁总领事馆派人带上礼品，来到徐伟三工作的田林县潞城粮所，转达了胡志明主席对徐伟三的问候。

（五）写在岩洞里的胡志明诗

1941年春，胡志明在靖西县巴蒙街进行革命活动的时候，因国民党的乡警常进街搜查，为了安全，徐伟三将胡志明带到巴蒙街附近蒙山上的岩洞中暂住。徐伟三和当时躲在洞中酿酒的村民黄才汉为胡志明架起竹床，搬来铺盖。徐伟三不时给胡志明送饭。有时，也由黄才汉在洞中做饭，与胡志明同吃。胡志明夜晚在洞中歇息，白天常外出与越南同志接头，有时也在洞中与前来汇报工作的同志商讨事情。在该岩洞的石壁上，至今保留着胡志明用木炭写下的一些文字，包括"结义弟兄，大家一条心""实行新生活，还我旧山河""实行工作，

---

① 《关于越南同志在靖西、那坡、龙州进行革命活动情况的调查》（1965），广西公安厅档案室存。

达到目的"等标语，另外还有一首诗，见图 1-15：

  日出东方一点红，蛾眉凤眼似弯弓。
  满天星斗零丁吊，乌云盖月暗朦胧。

  据曾与胡志明在该岩洞生活过的黄才汉说，这些诗和文字是胡志明写下的。胡志明这首诗，从文字表面上看是写景，描写拂晓时分从蒙山岩洞中仰望天空看到的景象，但又不单纯是写景，诗中还蕴含着越南人民的革命即将冲破黎明前的黑暗迎来胜利的意思。1996 年 6 月，广西社会科学院研究人员曾陪同越南胡志明博物馆领导和专家到该岩洞考察，越南同志肯定了洞中诗和文字为胡志明所写，认为这处岩洞是反映胡志明革命活动的一处重要遗址。靖西当地群众将该岩洞称为巴蒙"胡志明洞"。

  在靖西县龙临街附近石山的岩洞中，也保存有胡志明所作的两首诗。

  离龙临街胡志明的结拜大哥张廷围家不到两公里，有座三台山，是当地的一处古迹。三台山对面有个小山村叫大师屯，村后石山上有一岩洞，当地人称"德门洞"。此岩洞当年由张廷围修整过，用作其家人遇到紧急情况时

图 1-15 胡志明在巴蒙岩洞写下的诗

藏身之地。1941年上半年，胡志明常进出张家，免不了引起乡警注意。张廷围和家人有时候会将胡志明和他的战友带到此岩洞暂住或歇息。有一次，张廷围的侄子张其箴带胡志明等人在岩洞中休息，胡志明兴致勃勃地脱口朗诵了两首诗，张其箴一边听着，一边捡起一块木炭，将这两首诗抄写在岩壁上，见图1-16和图1-17。

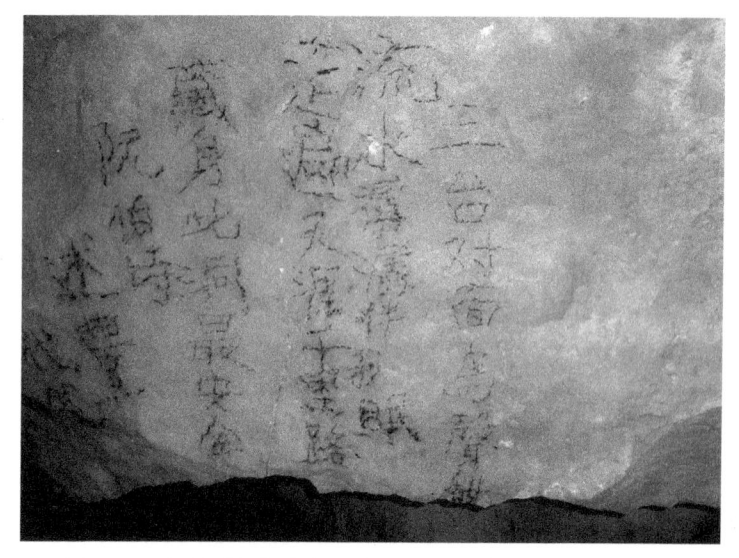

图1-16 胡志明在龙临岩洞作的七言诗

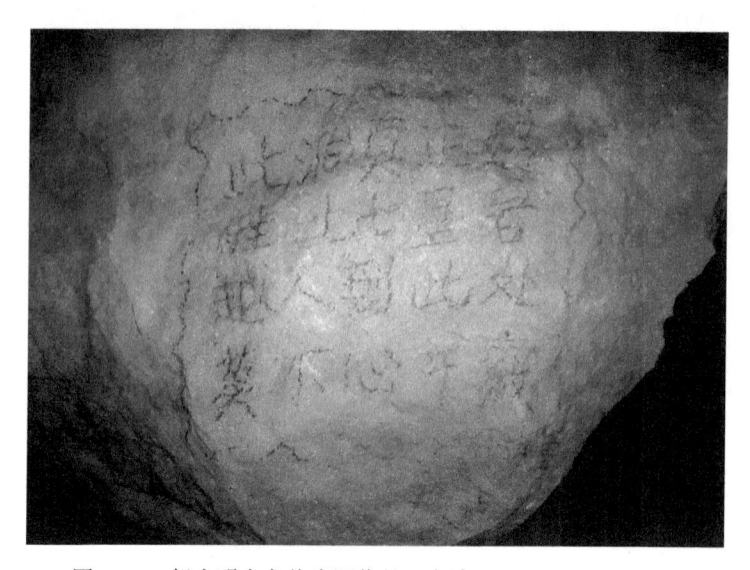

图1-17 胡志明在龙临岩洞作的五言诗

其中一首是七言诗：

三台对面鸟声甜，流水潺潺伴我眠。
走遍天涯千里路，藏身此洞最安全。

此诗左下方落款处写着"阮伯诗""述丰代笔"。另一首为五言诗，横向书写，其诗曰：

此洞真正好，胜比七星岩。
越人到此处，莫不心开颜。

该诗右下方落款处有几个字，但字迹较为模糊，可以辨认出的有"笔""春"两字。

七言诗落款处写得很明白，诗是"阮伯"所作，而由"述丰"代笔记下。"阮伯"指的是胡志明。当时，胡志明这个名字还没有开始使用。胡志明原姓阮，参加革命后很长时间使用"阮爱国"的名字。"阮伯"是张廷围的侄子张其箴对胡志明的尊称。"阮伯诗"表明诗是胡志明所作。张廷围的侄子张其箴，别字述丰。"述丰代笔"表明诗是由张廷围的侄子张其箴代笔记下来的。

从这两首诗的内容和抒发的情感来看，也非常符合胡志明的革命经历和心路历程。七言诗的前两句描写景致，翻译成白话文意思是：住到三台山对面的这处岩洞中，睡觉时耳边可以听到小鸟悦耳的啼鸣和潺潺的流水声。后两句抒发了胡志明内心的真实感情：几十年来，胡志明为革命四处奔走，走遍了天涯千里路，也曾遭遇过不少惊险。今天，有靖西的兄弟把我带到如此隐蔽的岩洞住下，感到这里是最安全的，是可以让人高枕无忧的地方，不由得产生了一种高兴和感激的心情。而在那首五言诗中，胡志明将眼前的这处"德门洞"与他在桂林进行革命活动时所熟知的七星岩作了比较，觉得此岩洞更胜彼岩洞。诗的后两句，同样抒发了"越人"——胡志明和他的战友——在这个既安全又舒适的岩洞居住时的愉悦与感激的心情。2013 年，越南胡志明博物馆的专家曾到该山洞考察，认为这是反映胡志明在广西革命活动的又一处遗址。

（六）"越盟"靖西办事处

胡志明在中越边境进行革命活动的时候，曾在靖西县城成立"越盟"靖西办事处，作为越南革命者的活动基地。该办事处旧址在今靖西市区大东门新生街302号，原为靖西县土产公司使用。在20世纪三四十年代，这里是靖西当地一个叶姓富豪的大宅院，见图1-18和图1-19。

"越盟"办事处最初是在胡志明领导下，越南共产党人为方便公开活动于1940年10月在桂林成立的一个机构。源于1935年由越南爱国者胡学览等人在南京向中国政府登记注册成立的"越南独立运动同盟会"。胡志明率越南共产党人自桂林转移到靖西后，桂林"越盟"办事处也同步迁移。当时，这所房子的主人为躲避日本兵移居别处，房主的亲戚将房屋出租。1941年上半年，越南共产党人范文同、武元甲、冯志坚等人将这所宅子的后院二楼租下，原先在桂林的"越盟"办事处改设在这里。这处房子便成为越南共产党人和越南革命者在靖西活动的基地。20世纪40年代初，胡志明在领导越南革命过程中，常常奔走于越中边境地区。在靖西，胡志明大都住在他所熟识的一些壮族农民家中，或由农民朋友提供的隐蔽岩洞中，有时也会住到靖西县城的"越盟"办事处。

1941年1月底，胡志明带领一部分越南共产党人回到高平省北坡越共中央秘密

图1-18 靖西县城"越盟"办事处旧址

图 1-19 "越盟"靖西办事处旧址。现已建成"胡志明与壮族人民陈列馆"

机关，安排范文同、武元甲等人留在靖西县城，负责"越盟"办事处的工作，继续与张佩公展开又联合又斗争的周旋。根据胡志明的意见，"越盟"办事处向张佩公和第四战区提出，应在靖西成立一个有越南各个革命团体参加的越南民族解放同盟会，因为越南的民族解放必须有越南民众的广泛参与。"越南民族解放同盟会"的成员，不仅要有国外团体的代表，也要有国内团体的代表。张佩公和中国国民党方面没有理由反对。经过一段时间的筹备，1941年4月，越南民族解放同盟会成立大会在靖西召开。越南国内的、龙州、昆明的、在靖西的各个越南团体，都按实际情况分配名额，结果"越盟"方面的代表多达十几人，张佩公方面仅有五六人。大会通过了该团体的章程，并选举产生了越南民族解放同盟会中央委员会，其政务组中有范文同、武元甲等，军事组中有黎铁雄，财务组中有高鸿岭，中央监察委员会中有裴玉成等，这些人都是越南共产党人或"越盟"的成员，在越南民族解放同盟会中占据支配地位。[①]

胡志明等越南共产党人利用越南民族解放同盟会得到中国国民党第四战区支持这一有利条件，请求中国国民党当局协助训练越南军事人才，其目的是让

---

① 蒋永敬：《胡志明在中国》，台北：传记文学出版社，1972，第127页。

这些越南青年经过训练后，带着所学到的军事技能和中国国民党当局发给的武器回国。国民党当局接受了这一请求。于是，"越盟"靖西办事处从越南高平、谅山、太原等地招来一批青年，到靖西参加军事训练班，其中学习爆破技术的有十多人，集中在靖西县城大龙谭第四战区靖西指挥所附近训练，训练20多天后被派回越南。另有学习军事的60人，由"越盟"成员黎铁雄召集，由第四战区安排到广西田东进行军事训练。这样，胡志明等越南共产党人便利用与张佩公合作的有利条件，通过选送青年在第四战区参加训练，从而壮大了革命阵营的力量。在此期间，胡志明又从靖西派"越盟"成员到龙州，成立越南民族解放同盟会海外第一办事处（龙州办事处），作为越南共产党人和革命者在龙州公开活动的合法机构。在1941年到1945年越南八月革命前的一段时间里，中越边境地区的越南革命力量异常活跃，越南民族解放运动也出现了空前高涨的局面。

位于靖西新生街302号的"越盟"办事处旧址，作为胡志明领导越南革命的重要遗址，已由靖西县人民政府于2013年修复。越南胡志明博物馆馆长朱德信率代表团参加了旧址揭牌仪式。其后，这个遗址又建成了"胡志明与壮族人民陈列馆"。2015年5月19日，该馆举行开馆仪式，不少越南嘉宾应邀出席，包括越南胡志明博物馆代表团、高平省代表团、胡志明家乡越南义安省南檀县代表团，以及由越南友好组织联合会主席武春鸿率领的"沿着胡伯伯足迹的红色之旅"越南友好人士代表团。

（七）在靖西发出《告越南同胞书》

1941年4月越南民族解放同盟会成立前后，在靖西"越盟"办事处里，越南革命者来来往往。"越盟"成员一方面通过与第四战区和张佩公的合作为掩护，公开训练干部；另一方面，又秘密进行召开越共中央第八次会议的各项筹备工作。1941年5月10日，越共中央第八次会议如期在越南高平省北坡召开。胡志明主持会议，出席会议的有黄文树、长征、黄国越、冯志坚、武英等人。当时，范文同、武元甲等人根据胡志明的安排留在靖西"越盟"办事处，没有回国参加会议。越共中央第八次会议决定建立和发展抗法和抗日的游击根据地,成立"越南独立同盟阵线"(亦简称"越盟"),把各个群众组织改组为各个救国会,同时促进武装起义的准备工作。与会同志一致推举胡志明为党的总书记。胡志明坚决推辞,提议仍由一直在国内负责领导工作的长征担任党的总书记。1941年5月19日,"越南独立同盟阵线"正式成立。这是由越南共产党领导的全国性的统一战线组织。第八次会议结束后,胡志明又越过越中边界来到靖西,继续在靖西基地指挥越南国内的革命斗争。

1941年6月6日,胡志明在靖西县城的"越盟"办事处写下了《告越南同胞书》这个重要的战斗文告,见图1-20。这篇文告号召越南全国同胞,"快快奋起,学习中国人民的英勇精神。快快奋起,组织打击法、日的救国会"。文告指出,"民族解放问题高于一切。我们要团结起来,为拯救水深火热的我国人民,同心合力打倒日、法帝国主义及其走狗们"!

《告越南同胞书》还号召,"亲爱的同胞,救国是全国人民的共同事业。我们越南人民谁都要担负起这一份救国的责任。有钱的人出钱,有力的人出力,有才干的人献出才干。我愿追随各位,倾尽菲才薄力,虽粉身碎骨也在所不惜"!

图1-20 画作:胡志明在"越盟"靖西办事处撰写《告越南同胞书》(作者:覃增雄)

当时，胡志明在靖西写下的这篇《告越南同胞书》用中文和越南文两种文字印刷。中文版的后面有"阮爱国"的亲笔签名，并曾抄写成告示张贴在靖西县城"越盟"办事处后面的东门城墙上。越南文版则加上"国外来信"的标题，通过越共各个基层组织在越南各地传达、散发。这份号召书很快在越南各地流传，极大地鼓舞了越南人民的革命热情，使抗法、抗日革命运动的烈火迅速在越南各地燃烧起来，"越盟"在越南人民中的影响越来越大，见图1-21。

胡志明在靖西撰写的《告越南同胞书》，被编进越南出版的《胡志明全集》和《胡志明选集》，标题是《国外来信》，所署写作时间为1941年6月6日。①

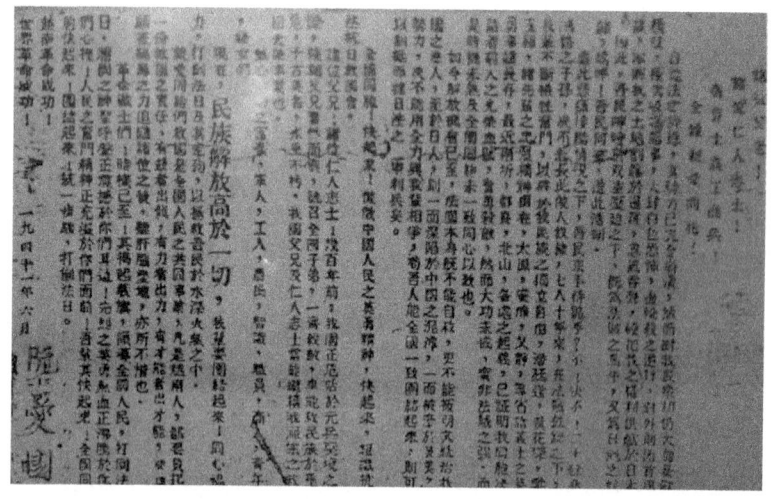

图1-21 用中文印刷的胡志明《告越南同胞书》，署名：阮爱国

（八）身陷牢笼辗转押解

1941年1月越共中央秘密领导机关在北坡成立后，经过一年多的革命运动，特别是经过第八次会议后"越盟"和各个救国会的广泛发动，人民群众的革命斗争热情空前高涨，革命根据地的范围迅速扩大。1942年上半年，越共中央一度将领导机关从北坡转移至离高平市不远的蓝山。

为了加强越南与反法西斯同盟国中国的联系，并与中国共产党领导人交换

---

① 《国外来信》（1941年），载越南《胡志明选集》第一卷，1972，第198页。

对时局的看法，胡志明决定去一趟中国重庆。1942年8月下旬，胡志明由黎广波陪同，自蓝山出发，在北坡越过边界来到靖西。出发前，胡志明对自己的身份进行了伪装。他取名胡志明，印了名片（中间印着"胡志明"，两旁分别印着"新闻记者""越南华侨"），同时带上了"国际反侵略协会越南分会"的介绍信和其他一些两年前在中国时使用过的证件。"胡志明"这个名字，实际上就是在这个时候开始使用的。8月24日，胡志明来到他在靖西巴蒙街的结拜兄弟徐伟三家中。徐伟三像往常一样热情接待了胡志明和黎广波，并约来胡志明所熟悉的王锡机、杨纯刚（又名杨涛）、黄才汉、黄德权等人，与胡志明见面和叙谈。胡志明把第二天欲动身到重庆去的打算告诉大家。徐伟三说，明天就是"七月十四"（农历中元节）了，不如在这里和大家一起过了节再上路。胡志明知道，"七月十四"是当地壮族群众一年中的大节，就很爽快地答应了。在壮族农民兄弟的一再挽留下，胡志明在巴蒙一连住了5天。8月29日，胡志明从巴蒙动身往田东，计划到田东后再乘车。杨涛主动提出护送胡志明到田东。黎广波当时正好腿部有疾，便留在了靖西。

胡志明在杨涛护送下取道天保（今德保县）前往田东，见图1-22。当天傍晚，二人刚走到天保县足荣街，就遭遇了国民党乡警的盘查。乡警从胡志明身上搜出一份证明信，上面写着："兹特派胡志明前往晋谒中国政府，希沿途给予协助，不得留难"，落款是"国际反侵略协会越南分会"。除这份证明信外，还搜出胡志明所带的其他好多种证件，多是过时失效的。乡警基于胡志明身份复杂，似有间谍嫌疑，便将二人带回足荣乡公所，交由街长

图1-22 画作：靖西巴蒙街农民杨涛为胡志明带路（作者：覃增雄）

马献融审问，同时打电话通知天保县政府。次日，县政府派来一位职员和一名警员，将胡志明和杨涛押回天保县城。8月31日，天保县政府对胡志明加以审问后，将其押往靖西。当时，靖西县是广西第六区行政督察专员兼保安司令公署所在地，胡志明必须送交该公署"防间处"进一步审查身份。关于胡志明在天保被扣留的情况，当时任天保县足荣乡乡长的梁后觉，根据足荣街街长马献融的叙述在向天保县政府呈送的报告中这样记述，见图1-23：

  窃职（指足荣乡乡长）于本年八月三十日据乡属足荣街长马献融呈称。呈为：窃职（指足荣街街长）于昨日在职街内查夜，见有二人，一为广东琼崖县，名叫胡志明。一为本省靖西县，名叫杨涛。职查问胡志明，彼谓现为民声日报战地记者，报社地址则在西贡。然西贡今已为敌驻兵，岂能容我刊发报纸？此为疑窦者一。次查该员又谓彼为国际反侵略协会越南分会中央执行委员会委员，要到中国政府晋谒。细思彼既有此重责，我国定有通电保护，现在只由靖西一人带路，此为嫌疑者二。复查靖西杨涛，又无身份证，且属适龄壮丁，似有汉奸嫌疑，故不敢核专放行。

  从该报告材料可知，胡志明此次从越南来中国时，使用了越南西贡《民声日报》记者，以及"国际反侵略协会越南分会"执行委员的身份，所编造的籍贯是中国广东琼崖县。[①]

  天保县警员押着胡志明和杨涛前往靖西路过天保县都安街时，正好被从靖西往都安赶街的林碧峰女儿林祥柳看见。林祥柳顾不得赶街，马上折回头将情况报告给在巴蒙的黎广波、徐伟三、王锡机等人。大家立即商量办法，决定先由王锡机到县城打听消息。王锡机通过熟人打听到胡志明被暂时关押在靖西公署的拘留所，便准备了饭菜，用铁罐盛着，带到拘留所探望胡志明。王锡机让

[①]《天保县足荣乡公所1942年8月30日关于收押胡志明呈天保县政府的报告》，广西德保县档案馆存。

第一章　胡志明在广西的足迹

胡志明安心,说大家会在外面想办法救他。胡志明吃过饭,找纸笔写了封信,交王锡机带回。王锡机回到巴蒙,将信交给黎广波。第二天,黎广波与王锡机一起去看望胡志明,除送饭外,还送去一些钱。从拘留所出来后,黎广波便立即回越南报信去了。

胡志明与杨涛于1942年8月31日自天保县被押往靖西县,关押在靖西专员公署的拘留所,随后转到靖西县监狱关押了40天。为了记录自己被关押入狱后的历程,胡志明于8月29日在天保被扣押的那一天,写下了第一首狱中诗《在足荣街被扣留》,31日被押回靖西县后,写下了《入靖西县狱》。其后,胡志明又断断续续地写,在靖西被关押的40天里共写下狱中诗25首,见图1-24。

靖西当局认为,胡志明既是越南人,身上却带着中国有关方面的多种证件,显然是一个重要的间谍嫌疑犯,必须送到广西省最高军事机关国民政府军事委员会桂林办公厅审查。1942年10月10日,胡志明自靖西被押往桂林。当时,广西的交通状况很不好,胡志明和杨涛是被捆绑着由警察押着徒步上路的。押

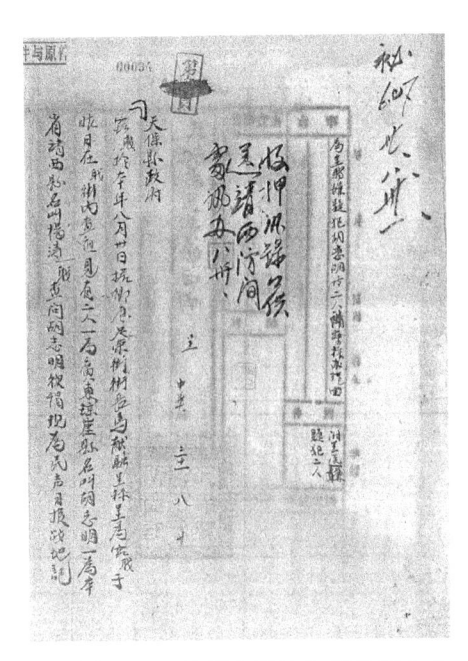

图1-23　就胡志明被扣押足荣乡乡公所呈天保县政府的报告

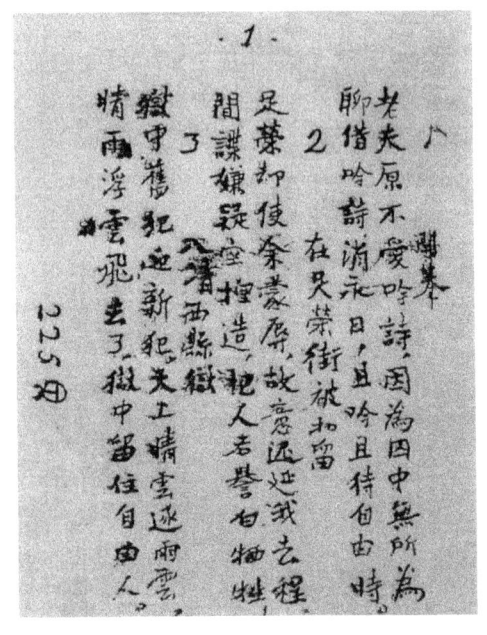

图1-24　胡志明被关押后开始写《狱中日记》诗

解的警察各县轮流派出。当押至一个县城，便由这个县另派警察押至下一个县城。胡志明就这样被辗转押解着，自桂西走到桂中。当时，湘桂铁路仅修通至广西的来宾县。胡志明被押到迁江后，坐上了自合山煤矿经迁江至来宾的运煤火车，到来宾后再转往桂林。胡志明于1942年12月上旬被押到桂林，关了一个多月，1943年1月下旬又被押到柳州，交由第四战区政治部审查。胡志明曾在《到第四战区政治部》这首诗中写道："解过广西十三县，住了十八个监房。"胡志明当时被押解辗转走过的13个县市依次是：天保（今德保）、靖西、田东、果德（今平果）、隆安、同正（今扶绥）、南宁、武鸣、宾阳、迁江（今属来宾市兴宾区）、来宾、柳州、桂林。

胡志明在各地被关押期间，继续写他的狱中诗。至1943年9月他在柳州恢复自由时，共写下133首诗。这些狱中诗，记述了胡志明一年零十三天的狱中生活，反映了1942—1943年中国社会的面貌，也抒发和表达了胡志明这位无产阶级革命家坚强的革命意志和崇高的革命情操。

（九）在龙州的日子

广西龙州与越南高平、谅山省比邻，中越边界两侧的人民群众历史上就往来频繁。龙州有着光荣的革命传统，大革命时期就曾建立农会组织。1930年，在邓小平同志和中国共产党领导下，这里曾爆发龙州起义，创建了红八军和左江革命根据地，因而人民群众政治觉悟高，群众基础较好。由于这些条件，越南革命者曾长期在龙州进行革命活动，同龙州人民建立了深厚的感情。

自20世纪20年代末开始，就有黄文树、胡德诚、裴玉成等越南革命者在龙州进行活动。黄文树是越南谅山省人，早期的越南共产党领导成员，他在龙州县城以修械厂工人的身份进行革命活动。胡德诚等人则在白沙街开了一间"德兴车衣店"作为越南革命的秘密联络点。20世纪30年代后期至40年代初，在龙州进行革命活动的越南同志越来越多。据广西边防工委等部门于20世纪60年代做过的一项调查，曾在龙州进行革命活动后来成为越南各级领导干部的有20多人，包括胡志明、黄文树、长征、黄国越、朱文晋、黎广波、高洪岭、黄明韬、陈山洪、黎铁雄、闭振兴、闭开乐、阮清同、胡德诚、裴玉成等人。他们有的是越南党和国家领导人,有的是省部级领导干部、人民军将领。

越南共产党人在龙州县城和边境地区建立的联络点见图1-25、图1-26、图1-27、图1-28、图1-29,主要有:

龙州县城南街74号的一所房子。当时越南革命者以做生意为由将其租下,作为秘密机关的联络点,并曾在此举办越南干部训练班。

图1-25 龙州县南街越南共产党秘密机关旧址

图1-26 这处遗址现已建成龙州县"胡志明展馆"

图1-27 越南革命联络点龙州白沙街"德兴车衣店"旧址

图1-28 越南革命联络点龙州县城营街农二嫂家旧宅

图1-29 越南革命联络点龙州下冻乡那造屯农其振家旧宅

龙州县城白沙街80、82号两间相邻的房子,一间是越南革命者开设的"德兴车衣店",另一间是龙州群众梁朝芳的家。梁朝芳是越南革命者胡德诚的内兄。这两间房子曾是1941年成立的越南民族解放同盟会海外第一办事处的旧址。

龙州县城八宝街(今营街)73号是农仁宝、农二嫂家。农仁宝的妻子农二嫂是越南人,嫁到龙州后在县城做些小生意,经常为越南革命者提供各种方便。

龙州县下冻乡那造屯农其振家、那成屯潘全珍家,也都是越南革命者可靠的联络点。以上几处地方,胡志明在龙州进行革命活动时都曾落脚。

越南独立之前,胡志明多次到过龙州,第一次是1939年10月。

1939年9月,胡志明结束了在南岳衡山举办的游击干部训练班第一期的工作回到桂林。不久得到一个消息,越南国内的党组织经与中国共产党联系后,决定派出一名干部到龙州的某个地方与胡志明接头。胡志明在八路军桂林办事处负责交通工作的同志护送下来到龙州。可是一连好几天,在指定地点都不见有人前来接头,胡志明只好又从龙州回到桂林。关于这件事,胡志明于1961年7月1日为纪念中国共产党成立40周年写的文章中曾经提及:"在我个人方面,我曾经有过两个时期荣幸地参加中国共产党的活动。……我第二次到中国,是在抗日战争时期(1938年年底)。作为八路军二等兵的我,担任了在桂林的某单位俱乐部主任。其后,我被选为驻衡阳的某单位的支部书记(兼负责收听广播)。那个时候,中国同志们曾竭力帮助我同我们国内接上关系,我们中央曾派X同志到龙州来找我。但遗憾的是,X同志给一位'朋友'骗光了钱,不得不在我到龙州之前便回国去了。但在这以后,中国同志们又帮助我接上了联系,以便回国活动。"[①] 由此可知,1939年10月胡志明到龙州,不仅未能与越南国内派来的同志接上关系,也未能与已在龙州进行革命活动的越南同志见面。

其后,胡志明又于1941年下半年至1942年上半年,以及1944年8月到龙州进行革命活动。

胡志明于1940年12月转移至靖西,1941年1月28日自靖西回国,直至

---

① 胡志明:《中国革命与越南革命》中译文,载中国《人民日报》1961年7月1日。

1942年8月在德保县被捕之前，曾频繁奔走于越中边界两侧，常常到靖西进行革命活动。由于在靖西的越南革命者与在龙州的越南革命者之间有密切的联系，越南同志陈山洪、高洪岭等人也经常往返于靖西与龙州之间。因此，胡志明对在龙州的越共秘密组织的工作也有所了解。1941年4月，胡志明领导越南共产党人在靖西成立越南民族解放同盟会时，要求龙州的越南共产党秘密组织派人参加成立大会。此后，在龙州挂起了越南民族解放同盟会海外第一办事处（即龙州办事处）的牌子。由于有了这个合法机构的掩护，越南共产党人进出龙州比较方便。

1941年下半年至1942年上半年，胡志明曾自靖西到龙州进行革命活动。在龙州，胡志明视察和指导了越南民族解放同盟会办事处的工作，要求他们利用这个合法身份，积极开展活动，团结和争取更多的越南人士，壮大革命阵营的力量。两年后，当胡志明在柳州参与筹备召开越南革命同盟会海外团体代表会议时，胡德诚曾以越南民族解放同盟会龙州办事处代表的身份到柳州出席会议。

胡志明在龙州也结识了多年以来一直支持越南革命的当地群众。龙州县城农二嫂家，下冻乡农其振、潘全珍家，胡志明都曾落脚，受到很好的照顾，彼此建立了深厚的感情。农其振和潘全珍都曾设法掩护胡志明，使其摆脱国民党乡警的围捕。[①]

龙州县城南街74号是越南共产党人以做生意为名租用的房子，是越南革命者在龙州县城的又一个联络站。早年黄文树同志曾在此举办越南干部训练班。胡志明到龙州后，也曾在这里召集在龙州进行革命活动的越南骨干开会，向他们介绍越南国内革命斗争的形势，教授做好革命的宣传和组织工作的方法等。

在龙州县城，胡志明还结识了同情和支持越南革命的一些进步青年，如李耿清、黄云鹏、刘盟光等人。胡志明向他们讲述了法国对越南的殖民统治及越南人民抗法抗日斗争的情况，宣传越南和中国的革命关系。

胡志明1944年8月那次到龙州，住的时间比较长，一共20多天。

[①] 黄德尤：《胡志明与龙州》，载农红生、何卫存主编《龙州旧事》，商务印书馆，2011，第66—69页。

胡志明于1942年8月在天保被国民党扣留并被辗转关押,至1943年9月在柳州恢复自由。其后,胡志明于1944年8月9日得到柳州第四战区司令长官部的批准,带领从第四战区特别训练班挑选的18名越南青年离开柳州,经龙州回国。到龙州县城后,胡志明把从柳州带来的许多报刊资料交给胡德诚,请他暂时放在其内兄梁朝芳家中保管,以后方便时再取回。随后,胡志明将那批越南青年带到下冻乡。此时,下冻小学校正放暑假,农其振将胡志明一行安排住在下冻小学的教室。胡志明带领18名越南青年离开柳州时,全都穿着第四战区发给的粗布军装。在边境地区特别是回到越南后不方便公开活动,胡志明便与农其振商量换装。农其振立即与乡亲们商量,很快收集到了19套当地群众习惯穿的唐装衣服,让胡志明一行全部换上。临走时,胡志明还将一条军用毛毯送给农其振作为纪念,又将一批书籍资料交给农其振保管。

1944年8月底,胡志明一行离开龙州,取道靖西回国。

胡志明主席对龙州人民给予越南革命的支持和帮助常记心中。越南独立后,特别是越南北方解放后,胡志明常常委托曾在龙州进行革命活动的越南老同志写信问候他所熟识的龙州群众。1959年3月,胡志明曾在河内亲切接见龙州下冻乡农民潘全珍;1960年1月,又在河内亲切接见时任龙州县副县长农其振。

(十)秘密转移至那坡弄依屯

在1945年越南独立前,胡志明亦曾在广西那坡县平孟地区进行革命活动。

那坡县与越南高平省河广县比邻。这个县的平孟街是一个三面为越南领土包围的边境小镇,距平孟街几公里的石山上有个弄依屯,靠近越南北坡,两地仅一山之隔。利用这样的地理条件,20世纪三四十年代,越南同志黄国云、黎广波、陈山洪、谭明远等人,曾在那坡县边境地区进行革命活动,与弄依屯、平孟街及附近一些村庄的壮族农民结识,彼此建立了深厚的友谊。平孟地区同样成为越南革命的后方基地。那时候,越南革命者在遭到殖民者的镇压围追时,常常白天进入平孟地区隐蔽休整,夜晚秘密潜回越南,继续发动群众,开展对敌斗争。越南同志在当地壮族农民的帮助下,还以平孟为起点,打通了前往靖西几个地方的交通线,使靖西、那坡县的越南革命基地连成一片。据广西边防工委等部门在20世纪60年代的调查,那坡县边境对越南革命作出贡献的群众有:平孟区盘合屯梁桂廷、林健强,平孟区弄依屯苏忠良、林伟隆、林建通、赵志南、杨贵芝,平孟区平孟街黎元庸,平孟区弄平屯黄劳动、陈云生、闭进兴,平孟区坡别屯何保晋等。他们所做的共同工作是为越南同志提供吃住、担任交通联络、负责安全掩护。

1944年9月至1945年2月,胡志明曾秘密转移至那坡县弄依屯,住在村民家中或弄依屯群众为他在附近山林中搭建的茅棚中,一边休养,一边领导越南革命。

胡志明于1944年8月底离开龙州后,于9月10日前后经靖西回到越南北坡。此时,越南革命斗争正在蓬勃发展,越南独立同盟阵线的影响越来越大,各种救国组织在各地广泛建立起来,游击战争逐步开展,革命根据地的范围不断扩大。越南共产党除在北坡保留秘密机关,还在距北坡50公里的蓝山建立了越南北方"高谅北"(即高平、谅山、北件)联省委员会,成为越共中央新的指挥机关。然而,一方面是革命形势的发展,另一方面,包括北坡、蓝山在内的越北革命根据地也面临法、日帝国主义的包围。日本军队于1940年9月进入越南后,驻高平的法军名义上已向日军投降,实际上仍然保留建制,为日军效劳。在日军的指使下,法国军队不时在中越边界越南一侧扫荡、搜山、围村,逮捕杀害越共党员和革命群众。越南共产党在北坡的秘密机关亦一度被迫撤走,转移至广西那坡县平孟区弄依屯附近的山林中,在那里建立临时的联络站。其间,胡志明在经受长期狱中非人生活的折磨后,身体比较虚弱。为了胡志明的健康和安全,越共中央决定将胡志明秘密转移到中国一侧的那坡县弄依屯暂住,见图1-30和图1-31。

1944年9月的一天,越南同志黎广波、黄国云到那坡县弄依屯告诉村民、中共党员苏忠良,有位老同志需转移到弄依暂避,大家一起去把他接过来吧。苏忠良满口答应。当晚,苏忠良、梁桂廷、赵志南跟随黎广波、黄国云来到北坡与弄依之间的达岩排,将胡志明接到弄依屯。

弄依屯是一个仅有12户人家的小山村,坐落在离平孟街约10里地的大

图 1-30 那坡县平孟乡弄依屯旧景

图 1-31 胡志明在弄依屯住过的林桂荣家旧宅（中间茅屋）

山上。这里山高坡陡，四周是一片茂密的森林，是地下工作者十分理想的活动场所。当年，曾有不少越南革命者来到这个小山村。胡志明于1944年9月下旬转移到弄依屯后，开头一段时间，住在壮族农民林桂荣家中。这是一所木结构茅草顶的高脚屋。胡志明与警卫员阿登住在高脚屋内堆放玉米的小阁楼上，靠一架小木梯上下。苏忠良为胡志明找来了一套半新半旧的黑色土布衣服和一块黑色土布头巾，让他的穿戴与当地壮族农民一样。胡志明就在这里阅读书报，撰写文件，或与越南党组织派来的同志商讨工作；有时还会离开林家高脚屋，到村中走走看看，与村民聊天；偶尔也会外出，去弄依屯南边大森林中越南共产党的联络站找人谈话，研究工作。

10月里的一天，国民党当局出动乡警进山搜村，情况紧急。苏忠良发觉后，急忙跑到林桂荣家，告知情形，带着胡志明和阿登从屋后进入丛林中，躲过了乡警的搜查。那时候，胡志明刚经过长期的狱中生活，身体很虚弱，走到半山腰就走不动了。苏忠良二话没说，背起胡志明就跑。躲过此次乡警搜村后，为了胡志明的安全，苏忠良、赵世南、林建强等人，在弄依屯背后吞达山的岩洋坳丛林深处搭起一间茅棚，作为胡志明的住所。茅棚里有用竹片搭成的床和小桌子，胡志明与阿登就在这里住了下来，继续阅读文件，撰写文稿，听取关于越南革命局势的汇报，发出重要指示，运筹帷幄地领导着越南革命。此外，苏忠良、梁桂廷还组织屯里的一些青年在通往吞达山的路口轮流站岗放哨，利用晚上给胡志明传递信息，送去粮食、蔬菜、中草药和水。尽管当地村民生活十分困难，但大家都自觉地节衣缩食，想方设法为胡志明等越南同志提供粮食和必要的用品。弄依屯的12户人家，家家都奉献过粮食和物品，为支援越南革命尽了义务。

越南独立后，胡志明主席常常回忆起在那坡县边境进行革命活动的日子，常常想起他所结识的壮族农民兄弟。1963年8月下旬，胡志明邀请广西靖西、那坡县对越南革命作出贡献的群众代表访问越南，其中有那坡县三人。他们是：苏忠良，时任那坡县平孟公社管委会主任；梁桂廷，时任广西西隆县县长；黎元庸，时任那坡县平孟小学教师。胡志明主席亲切接见并同他们合影留念，还安排他们到越南几个地方参观，见图1-32。

图1-32 胡志明主席1963年9月在河内接见广西边境7位对越南革命作出贡献人员。他们是：靖西县张其超（前左二），杨纯强、林大凡、农友丰（后左一至左三），那坡县苏忠良（后右四）、梁桂廷（前左四）、黎元庸（后右一）

三、胡志明在柳州（1942.12—1944.8）

（一）在第四战区政治部

胡志明于 1942 年 8 月 29 日在天保县足荣街被扣留，8 月 30 日押回靖西，10 月 10 日押往桂林，1943 年 1 月又从桂林押回柳州，交由第四战区政治部审查。

中国抗日战争期间，第四战区长官部曾驻柳州。负责审查胡志明身份的是设在柳江东南岸蟠龙山下的第四战区政治部。胡志明被关押在第四战区政治部军人拘留所的一处岩洞中，见图 1-33。这个地点现在是柳州医学高等专科学校校区。

当时，胡志明是作为政治嫌疑犯看待的，行动虽不自由，但待遇要比在各地监狱辗转关押时好得多，没有戴手铐脚镣，可以在卫兵看护下出来走走，可以吃饱饭，可以读书看报，可以用笔记下一些东西。

在第四战区政治部关押期间，胡志明常常会将在书报上读到的一些重要内容摘抄下来。在胡志明抄写狱中诗的同一个笔记本里，有胡志明设计的"看

图 1-33　胡志明在柳州第四战区被关押在蟠龙山山洞

报栏"和"读书栏",分别记录了所阅读书报的一些具体内容,见图1-34。

胡志明还在拘留所读过第四战区政治部主任侯志明送的孙中山《三民主义》一书。胡志明曾于1943年8月在一首题为《侯主任恩赠一部书》的诗中写道:

> 顷承主任送书来,读罢精神觉顿开。
> 领袖伟言如在耳,天边轰动一声雷。

根据侯志明的回忆,胡志明在阅读《三民主义》一书后,还将其翻译成越南文。

在柳州第四战区军人拘留所,胡志明继续写他的狱中诗。自1943年1月至9月,他断断续续又写下26首狱中诗。

1943年9月,第四战区政治部作出决定,将胡志明释放。胡志明的获释,有以下几方面的原因:其一,越南国内的党组织一直呼吁当局释放胡志明。早在胡志明被押往南宁的途中,越共就以"国际反侵略协会越南分会"的名义致电时任立法院院长孙科,要求释放该会派往中国访问的代表胡志明,还通过向驻重庆的苏联塔斯社分社致电提供相关情况的办法,吁请该社发出电稿敦促释放胡志明。其二,在重庆的中国共产党人获悉胡志明被捕后,积极设法向国民党提出交涉。周恩来同志亲自找到国民党爱国将领冯玉祥,请其出面营救。冯玉祥随即找到蒋介石,要求他释放作为同盟国朋友的胡志明。其三,在柳州第四战区方面,司令长官张发奎已于1943年上半年得知胡志明即越共领导人阮爱国,并且是不久前在越南成立的"越盟阵线"领导人,在越南国内享有威望。第四战区是负责对越工作的。为了将来在对日反攻进入越南时可以得到当地的"越盟"组织的支持,张发奎主张让

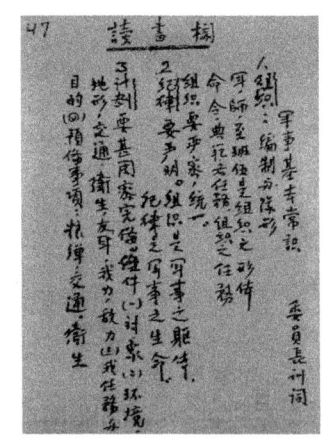

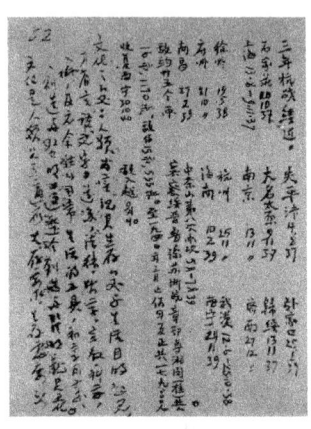

图1-34 胡志明在柳州写下的读书笔记

胡志明恢复自由。

1943年9月初，第四战区政治部主任侯志明在重庆开会期间，将司令长官的意图向最高当局做了报告。蒋介石此时在各种压力下也有意释放胡志明。于是，蒋介石向第四战区下达了释放胡志明的命令。侯志明自重庆回到柳州后，即执行了这项命令，将胡志明从拘留所中释放，留在政治部"察看感化"。这一天是1943年9月10日。

关于胡志明获释前后的一些情况，原第四战区政治部科员彭德在20世纪60年代初撰有回忆录提及：

> 1943年夏秋间，四战区政治部主任侯志明到重庆开会回来后，有一天吃中午饭时特地吩咐多炒了几个菜，说要陪被关押的老人（指胡志明）用餐，还吩咐一些科长作陪。侯志明主任并没有当众介绍老人的身份，于是大家便议论开了，说一时把老人关押起来，一时又待为上宾，真是怪事。不久就有人透露，说此人是越南革命家。此后就不再见到老人被关了。他每天都和政治部人员一起吃饭，彼此有说有笑，大家叫他"胡老伯"。胡老伯非常朴素，穿着粗布军服，外出都步行。

胡志明在柳州恢复自由后，首先要做的事，便是与越南国内的党组织取得联系，方法是买来报纸，阅读后在报边上用粥汤写信，寄回越南。党组织收到报纸后，用碘酒涂上去，字迹便显露出来。越南老革命家武英曾于20世纪60年代撰写《从昆明回北坡》的回忆文章提到，那时他们常常收到胡志明从柳州用密写方法寄来的信。每封信都说他身体很好，嘱咐大家不要因他而影响工作，鼓励大家要勇往直前，做好工作。

胡志明出狱后，常常做户外运动，如散步、爬山、游泳等，努力恢复在狱中被拖垮了的身体，准备迎接新的战斗。

（二）《狱中日记》诗集的诞生

胡志明恢复自由后，最初住在蟠龙山下第四战区的一所房子里，后来租住

第一章　胡志明在广西的足迹

在鱼峰山脚柳石路的"南洋客栈"的楼上。这是座中国传统的砖木结构建筑，房子不大，分上下两层，下层为餐馆，上层是客栈。胡志明住在楼上的一个套间里，见图 1-35 和图 1-36。

图 1-35　胡志明在柳州租住的"南洋客栈"旧址

胡志明入住后，一边休息和进行体育锻炼，以便恢复身体；一边编辑他的《狱中日记》诗集。同时，他开始联络在柳州的越南各党派人士，进行团结越南抗法爱国力量的工作。

胡志明于 1942 年 8 月 29 日在天保县足荣街被扣押后用中文写

图 1-36　"南洋客栈"旧址已建成柳州胡志明故居纪念馆

下第一首狱中诗《在足荣街被扣留》，8 月 31 日押回靖西后的当天写下《入靖西县狱》。此后，胡志明被辗转关押于各地狱中，又断断续续地创作狱中诗。自 1942 年 8 月 29 日至 1943 年 9 月 10 日的一年零十三天里，胡志明共写下狱中诗 133 首。起初，胡志明将这些诗分散地记在活页纸片上，写满一页，另换一页。在柳州恢复自由后，生活比较安定了，胡志明便找来笔记本，将分散写下的诗集中抄在一起，编成诗集手稿，见图 1-37、图 1-38、图 1-39。

胡志明抄写《狱中日记》诗的本子是 9.5cm×12.5cm 规格的笔记本。原件现存于越南革命博物馆，文物编号为 BTCM6689-G9。胡志明在本上抄写狱中

43

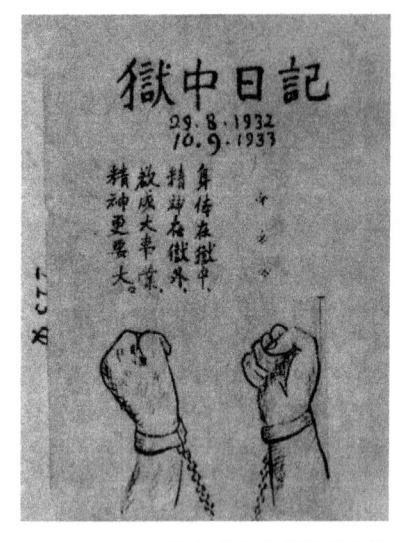

图1-37 胡志明在柳州编的《狱中日记》诗集封面

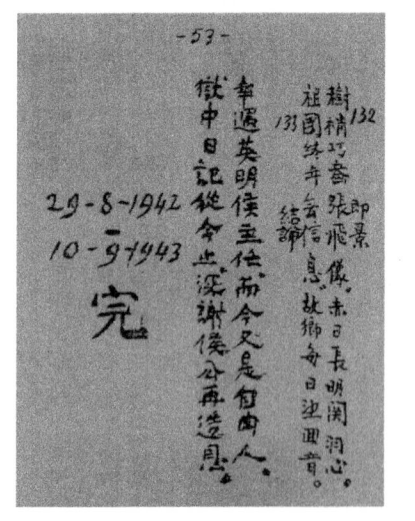

图1-38 胡志明《狱中日记》诗集的最后一页

图1-39 胡志明出狱后在柳州写的《新出狱，学登山》手稿（局部）

诗时编有序号，自第1号编至第133号。胡志明还为诗集设计了封面，封面上方写有"狱中日记"四个大字，其下标注了该诗集的写作时间"1932.8.29—1933.9.10"。这个时间比真实的时间"1942.8.29—1943.9.10"整整提前了10年，是一时不慎抄错，还是有意写错，有待深入探究。过去有一种说法，这是胡志明为了迷惑敌人有意抄错。可是在同一笔记本上，胡志明在抄完全部133首诗后，写上了一个大大的"完"字，并记下了"1942.8.29—1943.9.10"的真实时间。这又是为什么？很值得品味。诗集封面下方，胡志明画了两只被铐住的手的图画，用于表明这些诗是在丧失自由的情况下写成的。封面上还抄有四句诗：

身体在狱中，精神在狱外。
欲成大事业，精神更要大。

这首诗没有标题，也没有编号，显然不是像其他诗那样在狱中写下的，而是胡志明恢复自由后编辑完《狱中日记》诗集后写下的。胡志明将它写在封面上，显然是要为全部狱中诗作个总结，也作为对自己今后革命征程的激励。人民文学出版社在1960年首次出版胡志明《"狱中日记"诗抄》时，为这首诗加了"卷头"这个标题，这是很贴切的。

在胡志明抄写《狱中日记》诗的笔记本上，另外有一首诗《新出狱，学登山》的部分手稿。原诗曰：

> 云拥重山山拥云，江心如镜净无尘。
> 徘徊独步西峰岭，遥望南天忆故人。

这首诗是胡志明在恢复自由后写的，不属于“狱中日记”诗，但与胡志明的《狱中日记》诗有一定关联。1960年前后，越南和中国最初出版胡志明的《狱中日记》时，将这首诗编排在诗集的最后，为的是让读者将它与《狱中日记》诗结合起来读。这是一首文字优美、意境深远的诗。胡志明出狱后，为了恢复身体健康，常常作登山运动，有时也到江中游泳。柳江岸边有一些突起的石山。有一天，胡志明登上一座被他称作“西峰岭”的山，仰望湛蓝的天空和飘忽的白云，俯视清澈无比奔流不息的江水，一股思念远方战友之情油然而生。而这首诗也不是一般的登山忆故之作，蕴含在诗中的是一种更加崇高更加豪迈的革命情怀。“云拥重山山拥云”，既是眼前的景物，更象征着轰轰烈烈、波澜壮阔的革命斗争形势。胡志明希望，在不久的将来，能回到祖国，回到战友们中间，同大家一道去迎接新的战斗，争取越南民族的完全独立。

在《狱中日记》中特别值得关注的，是胡志明1943年4月作于柳州狱中的《杨涛病重》一诗，见图1-40。其诗曰：

> 无端平地起波涛，送你杨涛入坐牢。
> 城火池鱼堪浩叹，而今你又咳成痨。

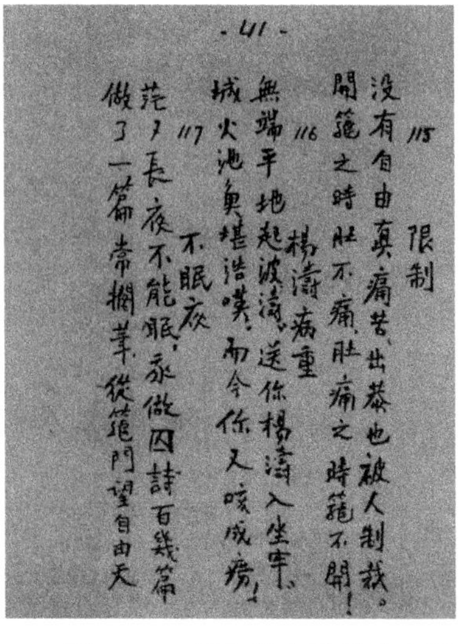
-41-
115 限制
没有自由真痛苦，出恭也被人制裁。
開籠之時肚不痛，肚痛之時籠不開！
116 楊濤病重
無端平地起波濤，送你楊濤入坐牢。
城火池魚堪浩嘆，而今你又咳成癆！
117 不眠夜
茫茫長夜不能眠，永做囚詩百幾篇
做了一篇常擱筆，從籠門望自由天

图1-40　胡志明在柳州狱中写下《杨涛病重》一诗

这是胡志明这位伟大的革命领袖以一位

普通的靖西农民的名字入题写下的诗,抒发了胡志明因连累杨涛入狱致病而异常难过歉疚的心情。本书前面已提及,杨涛本名杨纯刚,是靖西县巴蒙街的一位壮族青年农民,与在靖西进行革命活动的胡志明早就认识。1942年8月29日,他从靖西巴蒙护送胡志明上路,与胡志明一起在天保县足荣街被国民党乡警扣留,其后又与胡志明一同被辗转关押,在各地监狱中吃尽了苦头。在一年多的时间里,杨涛始终没有透露胡志明的真实身份。杨涛身子骨较为单薄,在柳州关押时得了痨病,痛苦不堪。胡志明见状万分伤心,便写下了这首诗,字里行间,流露出他对这位普通的广西农民的深厚感情。1943年9月,胡志明得以恢复自由,杨涛却病死在柳州。新中国成立后,民政部门于1954年正式批准杨涛为革命烈士。越南革命胜利后,胡志明主席常常怀念杨涛。1963年8月,胡志明主席在河内接见靖西县对越南革命作出贡献的群众代表时,曾对杨涛的弟弟杨纯强深情地说:"你的哥哥杨涛烈士是为越南革命牺牲的。我们越南人民永远都会记住他。"2013年6月,经中越两国有关方面沟通,靖西县人民政府在巴蒙街蒙山脚下为杨涛烈士建立了纪念碑,记下了这位年仅28岁的靖西壮族农民为护送胡志明、支援越南革命而牺牲的光荣事迹,见图1-41。越南胡志明博物馆馆长朱德信率该馆代表团专程到靖西巴蒙为杨涛

图1-41 杨涛为护送胡志明在柳州病死。这是靖西巴蒙街的杨涛烈士纪念碑

纪念碑落成揭幕。

胡志明在柳州编辑完成的《狱中日记》诗集，是胡志明留下的一份弥足珍贵的东方文化遗产。这133首用中文作的《狱中日记》诗，既是成功的文学作品，又是革命的教科书。这些中文诗，从形式上分有七绝、七律、五绝和杂体，绝大部分是七绝。胡志明采取模仿中国旧体诗的形式写作，但又并不严格遵照中国旧体诗的规律。这种对古典诗加以改造表现出的平民化与大众化，正是胡志明中文诗的一大特色。在灵活随意的形式之下，蕴含的是其思想内容的博大精深。无产阶级革命家的革命胆识、革命情操，在困难和挫折面前始终保持的坚定信念，对祖国、对同胞、对战友以及对中国人民的炽烈情感，看待世间一切事物辩证科学的方法论，在胡志明诗中都有鲜明的体现。在艺术表现手法上，胡志明《狱中日记》诗在对中国古典诗词韵律、中国成语、历史典故、文言词语、方言词语、拆字成诗方法等运用方面，都非常巧妙得体、娴熟高超，充分体现了胡志明的中文能力。胡志明的《狱中日记》诗曾在越南多次出版，也在包括中国在内的世界上许多国家出版。

（三）参加越南革命同盟会活动

胡志明在柳州恢复自由后，接受第四战区司令长官张发奎的邀请，参加了在柳州成立的越南革命同盟会活动，见图1-42。

越南革命同盟会于1940年10月成立于柳州。当时，第四战区基于将来可能入越工作的因素，支持在柳州等地活动的越南各个党派的人士成立了这个松散的团体。越南革命同盟会执委会由阮海臣负责。阮海臣是越南老资格的抗法志士，早在1936年就参加了在杭州成立的"越南独立运动同盟会"的活动，并曾在中国国民党军队中任职。他原属越南国民党系的大越党，在柳州时，则以无党派人士身份，凭借其老资格在越南革命同盟会中处以超然的领导地位。越南革命同盟会成立后，中国国民党向该会派出了指导代表。起初，指导代表由第四战区政治部主任梁华盛担任。1943年5月，梁华盛调离，由继任政治部主任侯志明担任。同年12月，司令长官张发奎兼任指导代表，侯志明改任副代表，凸显第四战区对越南革命同盟会的重视。

然而，在越南革命同盟会内部，由于派系复杂，意见分歧多，加上阮海臣缺乏威信，工作无法开展。当张发奎得知胡志明及其所代表的"越盟阵线"在越南具有广泛的群众基础和很高的威望之后，决定邀请胡志明参与改组越南革命同盟会的工作，在正式改组之前，先指定胡志明为执委会成员，与阮海臣等进行合作。胡志明也希望进入这个团体，并设法将其控制起来，争取有更多的越南人士转向革命阵营，于是接受了张发奎的邀请。而阮海臣也深知胡志明及"越盟阵线"在国内拥护者众，便听从了张发奎的安排。1943年11月，阮海臣派人将胡志明接到位于鱼峰路的越南革命同盟会总部，商量该团体的会务，见图1-43。

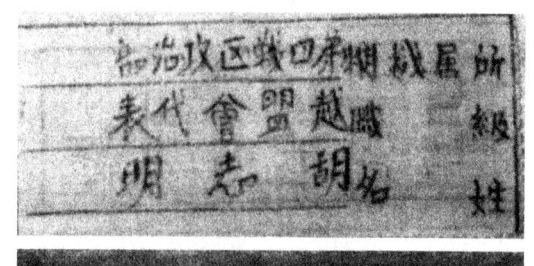

图1-42 胡志明出席第四战区越南革命同盟会代表大会的代表证

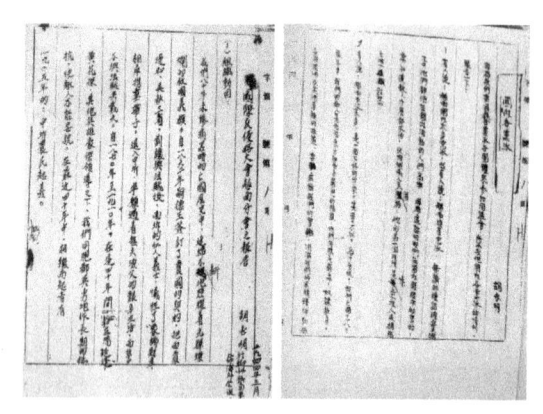

图1-43 胡志明在柳州越南革命同盟会使用的讲稿和资料

胡志明与阮海臣在政治信仰上有根本差别，但在抗日抗法上还是有共同语言的。于是，他们在第四战区的推动下，在柳州合作了一阵子。与胡志明一样，阮海臣从小也受过汉学教育，不仅会讲中国话，也熟悉中国的格律诗和楹联。1943年年底的一天，第四战区政治部主任侯志明宴请越南革命同盟会执委会成员。席间，阮海臣望了望坐在一起的侯志明与胡志明，脱口念出，"侯志明，胡志明，二位同志，志皆明"，然后问在座的谁可对出下联。只见胡志明略加思索，开口念道，"你革命，我革命，大家革命，命必革"。大家鼓掌，纷纷称对得好。

张发奎于1943年12月兼任越南革命同盟会指导代表后，即着手改组越南革命同盟会。他首先布置召开越南革命同盟会全国代表大会筹备会议，并让胡志明参加筹委会的工作。胡志明在筹委会上提出，即将召开的越南革命同盟会全国代表大会，除了原来的越南革命同盟会执委会成员，还应有越南国内"越盟阵线"及其下属各个组织和团体的代表参加。胡志明希望借此最大限度地孤立阮海臣的势力，但在讨论时无法形成统一的意见。胡志明与参加筹委会的"越盟阵线"的成员商议后提出，作为过渡，可以先召开越南革命同盟会海外革命团体代表会议。胡志明这个意见得到采纳。张发奎于是委托胡志明起草召开越南革命同盟会海外团体代表会议的计划。胡志明很快拟出交给张发奎。胡志明在计划中提出，海外革命团体会议的代表，应包括越南革命同盟会原执委成员，在柳州大桥的越南特别政治训练班代表，在龙州和昆明的越南民族解放同盟会代表，以及越南大越党、国际反侵略协会越南分会代表等。按照胡志明的这个计划，属于越南共产党和"越盟阵线"方面在会议代表中可以起到主导作用。胡志明还在计划中提出了改选越南革命同盟会执委会的做法及由海外团体代表会议过渡到全国代表大会的设想。几天之后，张发奎邀请越南革命同盟会执委会成员出席茶会，将胡志明草拟的计划作了介绍，并给予肯定。

越南革命同盟会海外团体代表会议于1944年3月25日至28日在柳州第四战区长官部礼堂举行。胡志明所拟计划中各方面代表15人出席会议。属于越南共产党和"越盟阵线"方面的有胡志明（代表国际反侵略协会越南分会）、黎松山（代表云南的越南民族解放同盟会）、胡德诚（代表龙州的越南民族解放同盟会）、阮清同（代表南宁"别动军"越籍人士）。会议选举产生了执委会，胡志明、黎松山当选为执委，改变了过去由阮海臣把持执委的局面。第四战区司令长官张发奎在会上发表了训词。胡志明在会上代表国际反侵略协会越南分会作了报告，介绍了越南国内民族解放运动及国内各党派的情况。胡志明于1944年在柳州出席越南革命同盟会时由第四战区发给的代表证及其在会上的讲稿，均已作为革命文物保存于越南胡志明博物馆。

（四）在第四战区越南干训团作报告

第四战区司令长官部于 1940 年移驻柳州后，在柳州大桥附近设有第四战区干部训练团，作为培训各类人员的场所。训练团位于今柳州市东南面的大桥园艺场，距市区约 13 公里。校舍是在山坳中建起的数栋房子，有教室、礼堂和宿舍。该地三面环山，比较隐蔽，适合封闭式学习训练。

1943 年下半年，在柳州市大桥的第四战区干训团，有数百名越南青年受训。这批越南青年是在越北参加抗法起义的越南复国军成员。起义失败后，一部分人退入广西边境。第四战区将这些人收编，并集中至柳州大桥，专门办了特别干部训练班对他们进行训练。1943 年 11 月，训练班邀请胡志明给参加学习的越南青年作报告，见图 1-44。当时，胡志明在柳州已恢复了自由，参加了越南革命同盟会的工作，并由第四战区司令长官张发奎指定为越南革命同盟会执委会成员。胡志明在干训班介绍了国际反法西斯战争和越南国内的斗争形势，也讲述了抗日战争时期越南与中国的关系，以及越南青年肩负的责任，颇受训练班学员的欢迎。

图 1-44　柳州大桥第四战区干训团旧址。胡志明曾在这里给参加训练的越南青年作报告

1944 年春，柳州大桥越南特别干部训练班结业。作为新当选的越南革命同盟会副主席，胡志明应邀出席了结业典礼并发表演讲。当时胡志明用越南语演

讲，由训练班懂中文的越南人黎维盛、阮氏英翻译。第四战区上校参谋叶瑞廷作了记录。胡志明在演讲中表示：

> 我要在这里感谢中国政府和人民对我们越南革命事业给予的诚挚、大力、持久的支持。中国既要打败东方最凶恶的侵略者——日本帝国主义，又要同时建国，以求持久抗战，任重道远，是有一定困难的。而中国人民还节衣缩食来支援我们越南革命，这就证实了我们中越两国人民唇齿相依、福祸与共的共同命运。伟大的孙中山先生有句名言："安危他日终须仗，甘苦来时要共尝。"这句名言对我们两国革命人民来说是具有深远意义的伟大号召。中越两国人民自当永志不忘而去力行它。亲爱的同学们，你们都是我们越南的革命战士，我们要把越南建设成为和平、统一、独立、民主和富强的越南，这种成功是定了的。因为这是人民的力量、时代的要求，所以是任何逆流也冲击不了的……
>
> 日本帝国主义的南进政策已彻底失败。在缅甸战场上已为中国远征军打得溃不成军，日本要撤退其南进的军队，中国通越南这条陆路走廊势必拼命打通，所以还有一场恶战。不过这场恶战是最后一次了，中国抗战就要结束了。不管法国殖民者怎样凶恶狡猾，都阻挡不了我们前进的步伐。我们总是要胜利的，越南总是要独立的，这是不可逆转的历史洪流。殖民者滚出越南去的日子不远了。[①]

胡志明在特别训练班的讲话，在越南青年中产生了很好的影响。

（五）离开柳州返回越南

1944年夏天，越南国内的党组织派人到柳州，向胡志明介绍了越南国内的斗争形势，并建议胡志明抓住越南革命同盟会执委会改选后的有利时机，请求

---

① 柳州市委宣传部、柳州市文化局编《抗战中的柳州：越南胡志明在柳州》，广西人民出版社，2005，第77—78页。

第四战区批准，公开回国，直接领导越南的革命斗争。而胡志明也意识到，越南革命同盟会海外团体代表会议的召开，以及柳州大桥第四战区越南特别干部训练班的举办，的确提供了回国的机会，只要向第四战区提出一个有充分理由的计划，就有可能获准名正言顺地返回越南。经过深思熟虑，1944年7月，胡志明向第四战区司令长官张发奎呈送了一份《入越工作计划大纲》。该计划表明入越目的是：

1. 传达中国政府扶助越南民族解放的决心；

2. 发展越南革命同盟会的组织；

3. 布置策应入越华军与其他盟军的准备工作；

4. 争取越南之完全独立。

胡志明在《入越工作计划大纲》中还提出，在入越之前，打算先做好以下几项工作：

1. 先率一部分干部人员，秘密潜返越境，自龙州至平孟一带，先行观察及实地计划展开工作；

2. 先于东兴秘密召集一部分忠实能干人员，开设一个短期训练班，教授今后工作的方式与技能；

3. 先派曾经训练过的人员，以秘密或武装公开式的宣传，去号召人民、领导人民。

胡志明在《入越工作计划大纲》中，还罗列出由他率领的一部分先期入越的人员名单。该名单共有18人，都是胡志明亲自挑选的，其中从第四战区战地工作总队（由参加特别训练班学习的越南复国军人员结业后组建）挑选的有17人，从中越边境政治工作队挑选的有1人，具体名单是：杨文禄、黎元、韦文孙、黄仁、黄广潮、农金城、黄金连、黄清水、范文明、何献明、黄仕荣、黎文前、农文谋、杨文礼、黄家先、杜仲院、张有志（以上为战地工作总队），杜乐（中越边境政治工作队）。胡志明还向张发奎提出了一些特别请求事项，包括请越南革命同盟会指导代表张发奎写一封致越南各爱国党团的信函，开一份同盟会对胡志明的委任状和证明书，给一幅越南军用地图和一些宣传品，以及必要经费等。

第一章　胡志明在广西的足迹

图 1-45　画作：1944 年 8 月，胡志明带领 18 名越南青年自柳州到龙州（作者：连南宁）

胡志明在《入越工作计划大纲》中提出的计划和相关要求，完全符合第四战区扶持越南革命同盟会的宗旨，张发奎实在没有理由拒绝，经请示上级，同意了胡志明的《入越工作计划大纲》，批准由胡志明率一部分人先行入越。对胡志明所请求的特别事项，也大都给以满足。张发奎给了胡志明通行护照、相关公文、药品，以及一些中国货币作为旅费[①]。

最终，胡志明于 1944 年 8 月 9 日带领着他亲自挑选的 18 名越南青年，大大方方地离开柳州，经龙州、靖西返回越南，见图 1-45。

四、抗法战争中胡志明到广西（1950—1954）

（一）秘密访华途经广西

1949 年 10 月 1 日，中华人民共和国成立。1949 年 12 月 11 日，广西全境解放。而在越南，人民群众的抗法战争仍在艰苦地进行。胡志明决定秘密访问北京，

---

① 蒋永敬：《胡志明在中国》，传记文学出版社，1972，第 193—197 页。

请求中共中央和中国政府支援越南的抗法战争。

1950年1月18日，中越两国正式建立外交关系。就在这一天，胡志明主席和随行人员从越南高平省复和县边境步行进入广西龙州县的水口圩。当时，广西全境刚刚解放，社会治安还不太好。为安全起见，广西军区派出一个排的全副武装的解放军战士来到水口圩，护送胡志明进龙州。胡志明用一块大毛巾裹住脸和长长的胡子，藏在解放军队伍当中。他当晚在龙州军分区下榻，19日在广西方面派出人员的陪同下前往南宁，途经崇善县板利乡（今属崇左市江州区）时，在该乡中心学校留宿一晚，次日早出发前，还与随行人员在板利中心小学前合影，见图1-46。

图1-46　1950年1月，胡志明秘密访华途经崇左板利乡时与陪同人员合影

1月20日傍晚，胡志明到达南宁，下榻于金山酒店（原址在今南宁饭店对面），这是当时广西省委交际处用于接待的酒店。当晚，广西党政军主要领导张云逸、李天佑等在金山酒店设便宴招待胡志明主席，参加宴请的还有陈赓同

图 1-47 胡志明 1950 年秘密访华途经南宁时与广西党政军领导交流，摄于金山酒店

志，见图 1-47。

当时，陈赓同志率解放军二野第四兵团参加广西战役后正在南宁，受中共中央派遣，准备前往云南工作。胡志明于 20 世纪 20 年代在广州时就与黄埔军校首期毕业留校工作的陈赓相识。此次重逢，胡志明当然格外高兴。当得知陈赓接受新的任务准备赶往云南时，胡志明即兴赋诗一首，赠给陈赓同志，其诗曰：

当年遇君一青年，如今统兵握帅权。
雄兵百万悉听令，捍卫革命固滇边。

20 世纪 50 年代初，湘桂铁路仅修通至广西来宾。胡志明北上时只能先乘汽车由南宁至来宾，然后改乘火车去北京。到北京时，毛泽东与周恩来正在莫斯科访问，商议签订中苏友好同盟互助条约之事。在中共中央安排下，胡志明从北京赶赴莫斯科，与毛泽东、周恩来会见，初步商谈了中国援越抗法之事。回到北京后，胡志明再次向中共中央提出了援越抗法的具体要求。中共中央和毛泽东同志决定大力援助越南抗法。1950 年 3 月 11 日，胡志明乘火车回国。离开北京及车过湖北、湖南和广西之时，胡志明都曾用中文作诗。路过广西时胡志明作诗二首，其一是《午过迁江》：

> 到迁江，说迁江，迁江江岸满春霜。
> 千辆敌车成黑烬，红军直到镇南关。

胡志明对迁江这个地方并不陌生。1942年，胡志明在广西被国民党反动派辗转关押时，曾经过迁江，并写下《迁江狱》这首诗。此次胡志明返程途经迁江时，联想起不久前发生的中国人民解放大军挥师南下，追击国民党残余部队，取得节节胜利，将红旗插上镇南关的情景，对今日迁江和广西获得新生感到由衷的高兴。

在靠近龙州县城时，胡志明又作了一首《近龙州》：

> 远隔龙州三十里，已闻炮响与机声。
> 越南民众真英勇，抗战必胜建国必成。

龙州与越南比邻。在龙州对面，越南人民的抗法斗争正在紧张艰苦地进行。胡志明用这首诗抒发自己无时无刻不关注抗法斗争的情怀。从诗中可以看出，胡志明已经将自己的身心与越南民族的抗法斗争融为一体。胡志明还没有到龙州，已仿佛置身于抗法战争的战场。他恨不得马上回到越南，同越南民众一起投入抗法战争，迎接抗法救国的最后胜利。

（二）边界战役中到龙州

胡志明秘密访华之后，中共中央决定向处在抗法战争紧要关头的越南人民提供一切必要的援助。越共中央提出，争取先在中越边界打一仗，以便开通中越之间的交通线，为中国援越抗法打开一条通道。为此，请求中共中央提供后勤保障，并派出一名经验丰富的高级指挥员到越南，具体帮助组织、指挥这次战役。

中共中央正在考虑期间，胡志明却已经等不及了。他致电中共中央和毛泽东主席，请求派他的老战友陈赓就近由中国云南省到越南帮助工作。中共中央和毛泽东主席同意了胡志明的请求，命令陈赓以中共中央代表名义到越南工作，除帮助越共中央组织实施边界战役外,并统一协调处理中国对越南军事援助的各项事宜。

陈赓同志于1950年7月自云南进入越南帮助组织边界战役。在胡志明、武元甲和越南人民军总部的密切配合下,边界战役进展顺利。1950年9月,在关键性的东溪战役发起之前,胡志明、武元甲与陈赓等也到了靠近龙州的中越边境的新驻地。陈赓同志的指挥所驻在龙州县下冻乡布局圩。胡志明和越军前方指挥部驻在紧靠龙州布局圩的越南一侧。两地紧挨着,中间只隔着一个布局关山隘口,见图1-48。

图1-48 龙州县布局圩。边界战役中陈赓同志的指挥所一度驻在这里

图1-49 边界战役中胡志明与陈赓在一起商讨作战方略

边界战役期间,胡志明常常越过边界,来到陈赓同志住处,看望陈赓并商议作战事宜,见1-49。9月的一天,陈赓正在"打摆子"(疟疾),躺在床上休息,胡志明过来了。陈赓身边的工作人员正想叫醒陈赓,胡志明连忙摆手阻止。胡志明轻步走到陈赓面前,伸手摸了摸陈赓的额头,然后不声不响地离开了。一次,胡志明从越南过来后,与陈赓一起来到龙州布局关前。看到中越两国边民正在自由地来往走亲戚,胡志明感慨万分地说:"我多么希望这样的一天很快就来到。那时,越南解放了,柬埔寨、老挝也解放了,都成了社会主义国家,我们越南的北边、西边,都是和平安宁的边界,我们就可以集中力量,用最快的速度进行经济建设,让人民群众早日享受和平美好的生活。"

1950年10月,边界战役取得决定性胜利。这场战役共歼敌8000人,解放了越南北部边境地区的 5 个城市和 13 个圩镇，中越边境的交通线也完全打开。这时，胡志明又一次越过边界，来到龙州布局圩陈赓住处，与陈赓进行了长谈。陈赓谈了他对战役胜利后的工作意见，特别是谈了关于越南军队建设的问题。第二天，胡志明从越南给陈赓送来一封信，希望陈赓将自己的意见整理成书面文字。陈赓立即写了一份题为《战役胜利后的工作意见》的材料送给了胡志明。胡志明和越共中央同意陈赓的意见，并委托陈赓在战役总结大会上作总结发言。

10 月 19 日是重阳节，胡志明又越过边界来到龙州布局圩陈赓的住地，然后与陈赓一起来到水口圩，那里有越南人民军的后方医院。胡志明走进医院，慰问越南人民军伤病员，看望在医院工作的中国医生和工作人员。水口圩村民闻讯都赶到医院，胡志明也微笑着和中国边民们打招呼。

1950 年 10 月 26 日至 30 日，越南人民军总部举行边界战役总结大会。27 日，陈赓在大会上作了长篇报告。11 月 2 日，陈赓圆满完成了他的工作任务，离开越南，从龙州水口圩回到中国。

（三）自越北根据地来南宁拜年

在越南人民进行艰苦抗法斗争的日子里，广西人民通过各种方式表示对胡志明主席和越南人民的关心和支持。1950 年 10 月中旬，广西省委交际处托人将一筐苹果送给胡志明主席。胡志明收到后，十分高兴，将苹果分给身边的同志，让大家共同分享。10 月 15 日，胡志明用中文写了一封亲笔信托人带给交际处处长王谭，见图 1-50。信中写道：

王处长同志：
　　友人从中国来，
　　蒙你送苹菓（苹果）"太多"枚，
　　大家吃了称：快哉！
　　谢谢你并祝你健康。
　　　　　　　　志明
　　　　　　谨谢

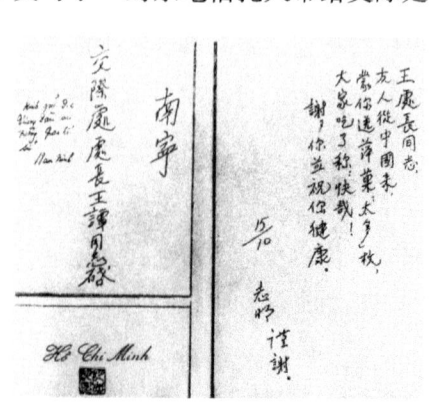

图 1-50　胡志明写给广西省委交际处处长王谭的亲笔信

这简朴风趣的文字，洋溢着胡志明对广西人民的深厚感情。

更令广西人民感动的是，胡志明曾从越北抗法战场专程来南宁向广西人民拜年。

1951年2月5日除夕，胡志明在事先没有打招呼的情况下，风尘仆仆地从越北抗法战场驱车来到南宁。当广西军区司令员李天佑、省委交际处处长王谭等闻讯赶到南宁明园饭店时，已是晚上9点多了。见面后，胡志明十分高兴地说："我这次来南宁，目的很简单，是专门来向大家道谢和拜年的。越南的边界战役已经取得胜利，抗法战争形势很好。广西人民对越南的抗战支持很大。我代表越南党中央，代表越南人民向你们表示感谢，并给你们拜个早年，祝大家新年快乐，万事如意！"胡志明主席还表示，他不打算在南宁过夜了，过一会儿就赶回越南去。广西的领导同志看到胡志明主席已十分疲惫，都挽留他住下。但胡志明主席坚定地说："我都安排好了，明天还得赶到越南高平。"最后，在大家的一再挽留下，胡志明才答应在南宁休息几个钟头。凌晨4点，胡志明离开南宁，又匆匆赶往越北战场了。

（四）到柳州参加中越领导人会谈

1954年7月3日，胡志明应周恩来总理的邀请，自越南来到广西柳州，参加中越两国领导人会谈。

在越南人民抗法战争节节胜利的凯歌声中，和平解决朝鲜问题和恢复印度支那和平问题的日内瓦会议于1954年4月26日开幕。5月8日，越南人民军取得抗法的奠边府大捷，为在日内瓦会议上达成恢复印度支那和平打下基础。同日，日内瓦会议开始讨论印度支那问题。由于法国主战派政府代表在美国的支持下顽固地坚持殖民主义立场，无视印度支那人民的政治权益，会议一度陷于僵局。6月，日内瓦会议休会。周恩来总理利用休会时间会见了法国新任总理皮埃尔·孟戴斯－弗朗斯，就恢复印度支那和平问题交换意见。7月初，周恩来邀请胡志明与范文同来到广西柳州。中越两国领导人于7月3日至5日在柳州饭店举行会谈，就日内瓦会议中涉及的一些重大问题坦率地交换意见。

此次中越领导人会谈的地点原计划在南宁。后来周恩来总理提出，南宁离中越边界太近，不利于保密，会谈地点宜往北移一点，于是将地点改在柳州。7月2日，胡志明、武元甲等人自越中边境乘汽车到南宁，然后从南宁乘火车到柳州。胡志明下榻于柳州饭店一栋红色的小别墅。这是一栋中西合璧的两层小楼，占地120多平方米，为砖混结构，别墅外墙为红砖清水墙，俗称为"红楼"。会谈期间，胡志明就住在这栋别墅的楼上，见图1-51。

胡志明的住处紧靠着美丽的柳江。江边花园中建有小凉亭，从这里可以观赏柳江及两岸的景色。会谈间隙，两国领导人常在这里休息聊天。这所亭子后来被命名为"友谊亭"。在柳州的几天里，胡志明常在江边漫步。他告诉身边的工作人员，10年前他在柳州进行革命活动时，就非常喜欢这条像玉带一样环绕着柳州的柳江。他刚从监狱出来的那段时间，为了锻炼身体，恢复体力，常常到柳江中游泳。胡志明说，这条柳江现在变得更漂亮了！

7月3日至5日，中越两国领导人就日内瓦会议中涉及的一系列问题坦诚地交换了意见，并达成了一致的看法。7月6日，胡志明主席一行自柳州回到越南河内。

中越两国领导人的柳州会谈，对于日内瓦会议最终就恢复印度支那和平问题达成协议具有重要的意义。7月10日，中越两国领导人会谈的新闻公报正式发表。同一天，中国的《人民日报》和越南的《人民报》均发表社论，阐述了这次会谈的内容和意义。《人民日报》社论指出："中越会谈是在融洽的气氛

图1-51 胡志明参加1954年中越领导人会谈住过的柳州饭店"红楼"

中进行的。这次会谈已带来了重要结果。周恩来总理和胡志明主席在会谈中讨论了符合目前印度支那和世界局势的措施,以恢复印度支那和平。"越南《人民报》的社论指出:"胡志明主席和周恩来总理的会谈,再一次加深了越南人民和中国人民之间的团结和友谊,并且更清楚地表明了两国人民的和平愿望。这次会谈给我国人民带来了新的希望。"

1954年7月12日,关于恢复印度支那和平的日内瓦会议闭幕,并通过了恢复印度支那和平的最终宣言。交战双方分别达成了在越南、老挝、柬埔寨停止敌对行动的协定。这是越南等印支三国人民的胜利,也是全世界和平与进步力量的胜利。

五、胡志明在广西访问与度假(1955—1965)

(一)访问中国途经南宁

1954年日内瓦协议签订后,越南北方解放。1955年元旦,越南民主共和国还都河内。此后胡志明作为越南民主共和国的领导人,曾多次率团访问中国和其他国家,也常常利用出访的机会在广西停留,与广西人民重叙革命情谊。

1955年6月,胡志明主席率越南党政代表团首次正式访华,自广西凭祥入境,步行进入友谊关,并在友谊关关楼稍事休息,然后,在凭祥火车站登上为他准备的火车专列前往南宁。凭祥火车站站台上挤满了前来欢送的群众。胡志明主席站在车门旁,与在欢送队伍最前面的少年儿童亲切地交谈着,时而挥手向群众致意,见图1-52和图1-53。

火车至南宁后,广西省和南宁市党

图1-52 1955年6月胡志明首次正式访华时步入友谊关

政军领导和群众一万人在南宁火车站广场为胡志明主席举行了欢迎仪式。胡志明主席发表了热情洋溢的讲话。随后，胡志明在南宁乘飞机经武汉去北京，见图1-54。

图1-53　胡志明在凭祥火车站与送行群众亲切话别

图1-54　胡志明在南宁火车站向欢迎群众发表讲话

7月22日，胡志明主席在结束了对中国、蒙古国和苏联的访问后，于回国的途中又在南宁停留，住了一个晚上，会见了广西党政军领导同志，次日回到越南。

1957年12月，胡志明出国访问，回国途中在南宁休息，12月24日到越南中央学舍区（中国称为南宁育才学校，校址在今广西大学西区）视察。这所学校自1951年至1958年曾接收越南学生近7000人。12月25日，胡志明又专门到南宁解放军三〇三医院视察。这家医院自1951年至1958年共接收近3000名越南伤病员在此医治。

1959年2月，胡志明主席率越南共产党代表团赴莫斯科参加苏共二十一大后，回国途中于 2 月 13 日到南宁休息两天，住在明园饭店 5 号楼。广西壮族自治区领导刘建勋、韦国清等曾与胡志明主席亲切会见，见图 1-55。胡志明主席向一些领导和工作人员赠送了笔记本，每个笔记本上都有他的亲笔签名。

2 月 14 日，胡志明主席在刘建勋和韦国清同志陪同下，游览了南宁人民公园。当时正好有一群少年儿童也在游园，胡主席看见孩子们十分高兴，拉着韦国清的手向孩子们走去，慈爱地问孩子们读几年级了，学校在什么地方。孩子们把胡志明主席团团围住，不住地喊："胡伯伯好，胡伯伯好！"当天下午，胡志明主席乘飞机返回河内。

1959 年 9 月 26 日，胡志明主席率越南党政代表团前来中国，在北京参加中华人民共和国成立 10 周年的庆祝活动，途中，胡志明在南宁作了短暂逗留。广西壮族自治区党政军领导同志与胡志明主席进行了亲切的会见。在明园饭店，胡志明十分高兴地对身边的中国同志说："中

图 1-55　广西领导刘建勋（左）、韦国清（右）与胡志明主席亲切交谈

国国庆 10 周年快到了，我给你们一个小小的礼物。"说着，胡志明拿出一把金光灿灿的纪念章分给大家。这是胡志明亲自设计的，纪念章正面上方是交叉着的中越两国国旗，两侧和下方围着稻穗和齿轮，下方是一双紧握着的手，整个图案象征着中越两国人民的友谊和团结。纪念章的背面刻着"庆祝中华人民共和国成立 10 周年"。当大家从胡志明主席手中接过纪念章时，一个个都激动万分，一再向胡主席道谢。下午，胡志明自南宁飞抵北京，见图 1-56 和图 1-57。

1961 年，胡志明主席有几次到广西：

图 1-56　胡志明在南宁明园饭店为赠给广西朋友的笔记本签名

图 1-57　胡志明在南宁人民公园游览时与孩子们亲切打招呼

4月9日，中越两国领导人在广西凭祥举行会谈。胡志明主席与范文同等人来到凭祥，与周恩来、韦国清、何伟等中国同志就有关问题交换意见。

8月30日，胡志明与武元甲等人出国访问回国途中，自武汉乘飞机至南宁住了一晚，31日回到河内。

11月19日，胡志明出国访问回国途中，自武汉乘火车于早上7点到达南宁，稍事休息后，于8点半换乘飞机回越南河内。

1965年5—6月，胡志明主席到中国度假，先后在长沙和杭州与毛泽东主席会见。在胡志明主席离开杭州前，毛泽东主席向当时的浙江省委第一书记江华布置任务，要他负责将胡志明主席送到广西，交给韦国清同志。6月中旬，胡志明主席在江华的陪同下来到南宁。胡志明主席在韦国清和江华的陪同下在南宁乘船游览了邕江，观看了文艺演出。胡志明主席还亲切会见了广西党政军主要负责人，然后，带着广西人民的深厚感情回到越南，见图1-58和图1-59。

图 1-58　韦国清与胡志明主席及浙江省委第一书记江华（右）亲切交谈

图 1-59　胡志明在南宁与参加文艺演出的演员合影

这是胡志明主席的最后一次广西之行。1965 年之后，胡志明主席因身体欠佳，来中国时一般是到北京和广州从化温泉做治疗。

（二）自芒街过友谊大桥访问东兴

广西东兴与越南芒街仅一河之隔，一座中越友谊大桥将两国的这两个边境小镇紧紧连在一起。

1960 年 2 月 19 日，农历元宵节刚过一周。下午约 2 点，胡志明主席乘直升机来到越南芒街视察。同行的有中央委员会委员黄国越、公安部长陈国环、海宁省省委书记、省长、芒街县委书记等。刚下飞机，胡志明主席就直奔中越界河越南一侧的芒街碗厂视察。这里离北仑河上的中越友谊大桥很近，视察结束后，胡志明主席不禁踏上大桥向东兴镇走了过来。他走到大桥中间的红线，在桥上值勤的中国边防战士向胡志明敬礼，胡志明向战士还礼并微笑着用中国话说："我是胡志明。我想过东兴这边来走一走，行不行？"东兴口岸的值勤人员高兴地表示，欢迎胡志明主席访问东兴。胡志明过桥后来到东兴边防检查站，坐了下来并给中国同志递烟点火，自己也点燃了一支。胡志明一边抽着烟，一边与边防站的人员谈心。这时，东兴县委书记苏广和、东兴边防检查站站长孙文明、东兴县公安局长刘业钦等也来到边防检查站，与胡志明见面。胡志明同大家握手，亲切而风趣地说："我今天过来，没带任何证明，违反中国的规定了！"东兴边防检查站长说："不用的。胡主席自己就是证明啦！"东兴公安局长也接着说："是呀！胡主席什么时候过来，我们都欢迎！"大家高兴地交谈着。

当得知附近有所幼儿园时，胡志明主席便起身向幼儿园方向走去。幼儿园老师连忙集合小朋友欢迎胡主席。只见胡志明缓步走上前去，用中国话向小朋友们问好。孩子们看见是胡伯伯，高兴地围了过来。胡志明主席把带来的糖果分给孩子们。孩子们为胡伯伯唱歌。胡志明一边高兴地听着，一边说"小朋友真乖！"。离开幼儿园后，胡志明来到桥头一侧的一座凉亭，坐下来稍事休息。他一边观赏着周围的景色，一边同身旁的同志们亲切交谈，见图1-60和图1-61。

图1-60　1960年2月，胡志明自越南芒街来到广西东兴

图1-61　胡志明在友谊大桥头休息的凉亭，后被重建为"胡志明亭"

胡志明主席来到东兴县的消息很快就传开了，镇上群众潮水般涌来，大家争着同胡主席握手问好。胡志明主席离开东兴时，群众热烈鼓掌欢送，直到胡志明的背影消失在大桥的另一端。

胡志明主席自东兴返回芒街后，随即吩咐身边工作人员，邀请东兴县主要领导和相关部门负责人傍晚来芒街会见交谈。东兴县委书记、县长、县委副书记、副县长及部门负责人共12人，于当晚6点多在芒街参加了胡志明主席接见座谈会。会上，东兴县委书记向胡志明主席汇报了东兴建设与群众生活，以及中越边境管理工作等情况。胡志明主席高兴地听着，并在讲话中感谢中国对越南的无私帮助，要求海宁省和芒街县认真学习中国经验，希望边界两侧的群众加强团结，共同建设和睦友好的边境地区。接见座谈会结束时，胡志明主席赠给每位东兴同志一套越南茶具作为纪念。

次日上午，越南芒街镇召开有一万多人参加的欢迎胡志明主席视察的群众大会。越方邀请东兴派出群众代表参加。东兴干部群众300多人参加大会，受到胡志明主席的接见。东兴还选派50名少先队员过境芒街为大会服务，给胡志明主席献花和佩戴红领巾。胡志明主席在会上发表讲话。他先用中国的普通话和东兴群众习惯讲的白话向两国群众问好，然后才用越南话继续演讲。胡志明主席在讲话中希望界河两侧的群众互相学习，互相帮助，共同进步，世世代代友好相处。会上，胡志明主席让东兴县县长赵荣也做简短致辞。越南少先队员给赵荣县长献花时，胡志明说："这是赠给东兴各族人民的礼物。"

欢迎大会结束后，东兴县巫头大队支部书记刘永新还被安排随胡志明主席参观越南芒街的扶日农业合作社和越中友谊橡胶园。参观时胡志明问这里的橡胶园是怎样发展起来的？得到的回答是：中国赠给橡胶苗，栽培技术也是派人去中国学来的。胡主席笑着强调说："你们就是要向中国学习嘛！"

胡志明主席信步访东兴，极大地鼓舞了东兴县的广大人民群众。根据大家的意见，东兴县北仑河友谊大桥头一侧胡志明休息过的凉亭，被命名为"胡志明亭"。这座凉亭后来经过重修，成为如今东兴市纪念胡志明主席的一处重要遗址。

（三）在南宁过生日

令广西人民难忘的是，1960年至1962年，胡志明主席在每年将要过生日的时候，都要为"躲避"越南人民的祝寿活动而专门来中国度假，在南宁和桂林，与广西人民度过了一段极其美好的时光。

1960年5月19日是胡志明主席的70岁生日。5月17日，胡志明主席在中国驻越南大使何伟陪同下，自河内来到南宁。在机场，他对前来迎接的广西壮族自治区主席韦国清说："我是偷偷出来的，就在南宁休息几天，你们不要声张，也不要专门为我过生日。"

在南宁，胡志明主席兴致勃勃地乘船浏览了邕江，访问了小学校、商店、储蓄所和农机研究所，参观了农业机械新产品陈列，所到之处都受到群众的热烈欢迎。胡志明同群众亲切交谈，就像同自己的亲人拉家常。在中山路北段小学，少先队员给胡志明主席戴上红领巾，孩子们不停地喊："胡主席好！"胡志明主席慈祥地说："不要叫胡主席，叫胡伯伯。"孩子们齐声地喊："胡伯伯好！胡伯伯好！"胡志明主席乐个不停，见图1-62。5月19日，在胡志明主席下榻的西园饭店，韦国清向他转交了由毛泽东、刘少奇、周恩来、朱德联合署名的贺电，见图1-63。贺电对胡志明主席70寿辰表示祝贺，称胡志明主席是"越南劳动党的创始者和领导者、越南人民最敬爱的领袖、国际共产主义运动最杰

图1-62 胡志明在南宁给参加演出的孩子们分糖果

图1-63 韦国清在南宁西园饭店向胡志明转交毛泽东等中国领导人祝贺胡志明70寿辰的电报

出的战士和中国人民最亲密的朋友"。

晚上,韦国清在西园饭店为胡志明主席安排了一个小型便宴。韦国清和夫人、小孩及自治区党委一些工作人员陪胡志明主席共进晚餐。大家举杯,祝胡志明主席健康长寿。胡志明因为高兴,喝了 5 小杯中国的茅台酒。晚宴后,自治区领导和何伟大使陪同胡志明主席在西园饭店观看了南宁少年儿童的文艺演出。胡志明主席最爱儿童,每当和孩子们在一起时,就显得格外高兴。胡志明主席十分愉快地观看了少年儿童的演出,每表演完一个节目,胡志明都要鼓掌称赞。胡志明主席还把饰演粤剧《搜书院》中翠莲的小演员招呼过来,亲切地抱在膝上,用白话和她交谈,称赞她演得好。演出结束后,胡志明主席还走上舞台和一个个小演员亲切握手,然后给每个孩子手中塞了一把糖。

5 月 20 日上午,胡志明主席在西园饭店接见了 20 世纪 50 年代曾在南宁越南学校育才学校任中文教师的刘绍明。中午,在胡志明返回河内之前,《广西日报》摄影记者赵黄岗在西园饭店为胡主席拍下一张身穿深色中山装的标准像。

(四)在桂林过生日

1961 年 5 月中旬,胡志明主席又决定到中国度假,过他的 71 岁生日。广西桂林是他选定的中国之行第一站。5 月 15 日,胡志明在何伟大使陪同下乘专机自河内直飞桂林。在飞机上,胡志明主席向何伟大使谈起了 20 年前中国抗日战争期间在八路军桂林办事处工作的情况,他感慨地讲道:"都 20 年了,桂林一定变化很大。"

在桂林,胡志明主席在自治区和桂林市领导同志及何伟大使陪同下登上了叠彩山,眺望了这座美丽的山水之城。胡志明主席对桂林风景赞不绝口。在七星岩游览时,导游指着一处硕大的外形像桃子的晶莹剔透的钟乳石说:"这就像为胡主席生日献上的大寿桃。"说完,周围的人都笑起来。胡志明主席也笑得十分开心,连声说:"谢谢!谢谢!"

胡志明主席在桂林乘船畅游了漓江。行船中,胡志明主席时而凭栏远望,欣赏漓江两岸的绮丽风光;时而与身边的中国同志亲切交谈,合影留念,高兴地在船上跳起了集体舞。胡志明还找来笔墨,在船上写下一首咏颂桂林山水的诗。船至冠岩，胡志明兴致勃勃地游览了溶洞。洞内有水，身旁的同志多穿皮鞋，行走不便。而胡志明脚上穿的是"抗战鞋"（一种用轮胎胶做成的凉鞋），可以涉水而过。胡志明主席笑着对陪同人员说："看来还是我的'抗战鞋'方便。"游览得高兴时，胡志明主席干脆连"抗战鞋"也脱下，卷起裤腿，赤脚涉水观赏洞中风光。陪同人员也纷纷脱了鞋，卷起裤腿，与胡志明主席一起涉水游览。船至阳朔，胡志明主席健步登上碧莲峰下的鉴山楼，眺望了阳朔的美丽风光，见图1-64、图1-65、图1-66。

图1-64 胡志明在桂林游览漓江

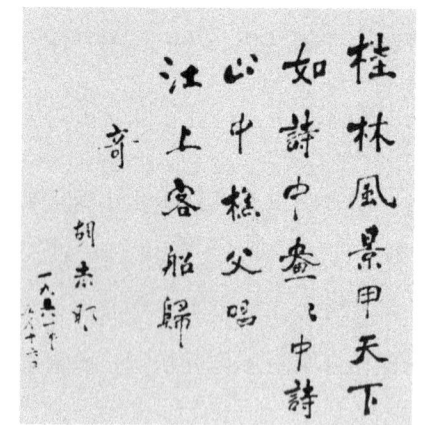

图1-65 胡志明在桂林榕湖饭店书写的"桂林风景"诗

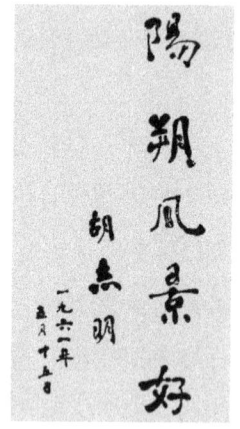

图1-66 胡志明在阳朔宾馆的题字

在阳朔宾馆休息时，胡志明写下了"阳朔风景好"的条幅，题上了自己的名字，记下时间：1961年5月15日。胡志明主席写下的这个条幅，至今仍保存在阳朔宾馆。

第二天，在下榻的榕湖饭店，胡志明在工作人员为他准备的大幅宣纸上，书写了头一天在漓江游船上作的那首诗：

桂林风景甲天下，

如诗中画，画中诗。

山中樵父唱，

江上客船归。

奇！

胡志明同样在落款处写上自己的名字，并记下了时间：1961年5月16日。

当天晚上，桂林市党政领导在榕湖饭店为胡志明主席安排了一场文艺表演，节目中有桂林市歌舞团表演的舞蹈《霸王鞭》、桂林市戏曲学校少年班学员表演的桂剧《南阳关》片段等。演员们每表演完一个节目，胡志明主席都带头鼓掌。演出结束后，胡志明主席走上舞台，与演员们一一握手，用中国话称赞他们演得好，胡志明主席还与演员们合影留念。

5月17日，胡志明主席离开桂林，前往此次中国之行的第二站：南宁。

（五）再次在南宁过生日

1962年5月中旬，胡志明主席再次专程来南宁度假，在这里度过他72岁的生日。同1960年那次一样，胡志明主席于5月17日乘飞机到南宁，5月20日返回国内。

5月17日，韦国清在胡志明主席下榻的西园饭店1号楼陪同他共进晚餐，晚上安排为胡志明主席播放电影《花儿朵朵》，胡志明看后说这部电影拍得很好。

5月18日，胡志明主席参观了广西博物馆和广西自然博物馆，乘船游览了邕江，见图1-67。晚上，广西艺术学院少年班的小演员们为胡志明演出。胡志明十分高兴，称赞孩子们演得好，并给孩子们分发了糖果。

5月19日是胡志明主席72岁寿辰。上午9点，韦国清、乔晓光、伍晋南等自治区领导同志来到西园饭店，祝贺胡志明72岁生日。韦国清把党和国家领导人毛泽东、刘少奇、周恩来、朱德联合署名祝贺胡主席72岁生日的电报交给胡志明。在座同志共同举杯，祝胡志明生日快乐、健康长寿。

图 1-67 胡志明参观广西博物馆后在台阶上坐下题写留言

图 1-68 广西壮族自治区主席韦国清设家宴庆贺胡志明主席 72 岁生日

下午，胡志明主席在韦国清的陪同下，游览了人民公园，登上了山顶的炮台，还游览了青山风景区。傍晚，韦国清邀请胡志明主席到自己的家里作客。在老朋友家里，胡志明主席显得格外开心。他同韦国清的夫人及两个女儿亲切交谈，并不时地逗韦家不到一周岁的小男孩玩。晚餐时，韦国清设家宴招待胡主席。胡志明主席和他的秘书武奇、韦国清夫妇及小孩、乔晓光夫妇，还有其他同志共16人围坐在一张大圆桌旁，大家有说有笑，气氛亲切而热烈，见图 1-68。

当晚，自治区方面在明园饭店礼堂为胡志明主席安排了一场文艺演出，节目有歌舞、相声和戏剧《打金枝》片段。当时，著名相声演员马季正在南宁演出，因而晚会安排马季为胡志明主席表演一个相声节目。马季特地编了一个有庆贺胡志明生日内容的相声段子，他的表演十分精彩，因而不时引起阵阵掌声和笑声。胡志明主席听到精彩处时，也高兴得哈哈大笑。晚会的最后一个节目是合唱《胡志明颂》。演唱完毕，帷幕徐徐合上，这时，胡志明主席从座位上站起来，要求重新拉开帷幕。胡志明主席转过身来，向观众举起双手说："我们大家再唱一首《东方红》好不好？"大家热烈鼓掌。胡志明亲自指挥，礼堂里又响起了《东方红》那嘹亮庄严的歌声。

5月20日上午，胡志明主席在南宁接见了越南驻南宁总领事馆的全体工作人员和在广西医学院学习的越南留学生，下午返回越南河内。

第二章
八桂大地上的越南学校

Chương II
Các trường Việt Nam trên đất Quảng Tây

在越南抗法战争和抗美战争时期，有一批越南学校迁至广西办学。这些学校由越南管理和组织教学，由中国提供教学场所、办学经费和后勤保障。这是越南抗战时期中国援助越南的一个重要方面。

越南学校迁到广西办学分为两个时期。第一个时期是 20 世纪 50 年代越南抗法战争时期。1951 年，越南北方数所学校迁至广西南宁和桂林，在南宁设总校，越南称为中央学舍区，中国统称为育才学校，又分别称为南宁育才学校、桂林育才学校。截至 1958 年，这些学校迁回越南，其间先后来到广西的越南学生约 7000 人。第二个时期是 20 世纪六七十年代越南抗美战争时期。1967 年，有四所越南学校——阮文追学校、南方普通学校、南方民族学校和南方儿童学校迁至广西桂林办学。越南方面将南方三所学校合称为南方学生区。中国将四所学校统称为"九二"学校（以越南国庆日 9 月 2 日为代号）。阮文追学校于 1968 年 8 月迁回越南。南方学生区各校于 1975 年 8 月迁回越南。四所学校先后到桂林的学生有 5000 多人。自 20 世纪 50 年代前期至 70 年代中期，先后共有 1 万余名越南学生来到广西学习。这些越南学生回国后，在各个岗位上迅速成长，成为越南抗战建国的骨干力量。

一、南宁、桂林育才学校（1951—1958）

（一）迁校缘起与校址校舍

中华人民共和国成立时，越南人民正在进行艰苦的抗法战争。1950 年 1 月，胡志明秘密访华，请求援助。随后，中共中央派出顾问团入越，并委派陈赓同志到越南协助组织"边界战役"。"边界战役"的胜利，使越南解放区的范围得以扩大，抗法斗争的形势越来越好。胡志明和越共中央意识到，为了给不断扩大的解放区输送干部，并给抗法战争胜利后的国家建设准备人才，必须刻不容缓地抓教育，抓人才培养。而当时越南抗法战争正在紧张进行，各方面困难很多，办学条件很差。胡志明于是写信给毛泽东主席和中共中央，请求将一批越南学校搬迁到中国的广西办学，由中国给以援助，提供教学场所和后勤保障。当时，新中国成立刚一年多，百废待兴，经济形势也很不好，特别是广西，全境解放和剿匪斗争刚结束不久。出于中越两国的传统友好关系和无产阶级的国际主义义务，毛泽东主席和中共中央、中国政府还是答应了胡志明主席和越共中央的这一请求。

1951年8月，越共中央委派越南教育部次长秘书黄伟南、教师阮文展带上胡志明主席的亲笔信，拜访广西领导同志张云逸、李天佑。他们向广西提出，很快会有约2000名越南各个学校的学生迁来广西学习，希望广西方面尽快物色一个合适的办学地点，并解决校舍问题。

广西省委、省政府经过研究，决定在五里亭以西约两公里处（今广西大学西区）划出一块地方，作为新建越南学校的校址；在新校舍建成之前，先落实一个临时办学地点。省委派人陪同越方在南宁市周边及宁明、龙州县看了一些地方，将各方面的条件做了比较，最后将临时校址定在南宁市西北的心圩（今属南宁市高新区），利用那里的农村空地，搭起竹席茅草棚，作为临时的教学场所，利用附近各个村中的祠堂及老百姓的部分闲置住宅作为师生宿舍，见图2-1和图2-2。

图 2-1　南宁育才学校在心圩的临时校舍

图2-2 心圩临时校舍教室前的育才学校学生

1951年10月至1952年,一批越南学校陆续迁到心圩。这些学校是:越南高等基础科学学校、高等师范学校、中等自然科学师范学校、中等社会科学师范学校、初等师范学校、普通学校,加上新办华语专科学校(中文学校),共有学生约2000人。

另有一所越南少年学生军学校,约700名学生,到南宁后,因校舍不足,即转往桂林市,利用市郊甲山原桂林德智中学(即解放初的广西革命大学)旧址办学。

以上越南学校共同组成一个类似"联合学校"的机构,越南方面称为中央学舍区,中国方面则统称为育才学校。迁至桂林的越南少年学生军学校刚开始沿用原校名,后来改称越南少年儿童学校。

育才学校总部设在南宁,称南宁育才学校。桂林的越南少年儿童学校称为南宁育才学校桂林分校,也称桂林育才学校,归越南中央学舍区统一领导。越南教育部任命由武醇儒(武元甲之弟)、阮阐、黎文添、阮文展组成中央学舍区领导班子,由武醇儒出任总校第一任校长。

因南宁心圩的办学条件极为简陋,接收越南学生后,在中央的支持下,广西省政府即开始在南宁市五里亭附近为育才学校修建新的校舍。1954年6月，新校舍建成，见图2-3和图2-4。

这是新中国成立之初、在国民经济还很困难的情况下，中国为越南学生修建的颇具规模的一所新学校。在南北约1.5公里长、东西约0.5公里宽的校园里，以银灰色雄伟的大礼堂为中心，错落分布着大小几十栋二层或三层的红色砖墙的崭新建筑，还有运动场、游泳池等设施，十分壮观。

图2-3 建设中的南宁育才学校新校舍（今广西大学西校区）

图2-4 南宁育才学校新貌

新校舍建成后，桂林的越南少年儿童学校中高年级学生迁回南宁，并入总校。原校舍安排另一所从越南迁到中国江西庐山的学校转迁办学。缘由是，1953年5月，越共中央组建另一所越南少年儿童学校，交越南教育部管理，其学生多出身于革命家庭，不少是中央、各部委、军队和地方领导的子女。为了让这些孩子更好地学习，经中越两国政府商定，这所学校迁至中国江西的庐山办学。1953年8月，该校约1000名学生到达庐山。庐山越南少年儿童学校成立，中国方面称为江西庐山育才学校。然而，庐山冬天天气较冷，越南孩子们不习惯，经中央同意，决定将学校迁来广西。恰好1954年上半年，南宁育才学校新校区建成，遂将原先在桂林甲山的越南少年儿童学校高、中年级的学生转至南宁育才学校新址学习。庐山越南少年儿童学校整体迁至桂

图 2-5　江西庐山育才学校的几位女生 　　图 2-6　桂林甲山育才学校全景

图 2-7　桂林甲山育才学校校舍

林甲山,再将原桂林少年儿童学校低年级学生并入,成为一所新的学校。这所学校,越南称为庐山-桂林少年儿童学校,中国仍称为桂林育才学校[①],见图2-5、图2-6、图2-7。

广西南宁、桂林育才学校自1951年10月开始办学,至1958年8月全部结束工作,迁回越南。在此期间,各个越南学校的基本情况如下:

高等基础科学学校,1951年10月迁来,办了一届,有学生108人,1953年毕业回国。

高等师范学校,1951年迁来,有两届毕业生,共107人,1956年迁回越南。

中等自然科学师范学校,1951年迁来,有四届毕业生,共300人,1956年迁回越南。

[①] 参见中国广西壮族自治区档案馆、中国广西社会科学院编(黄铮执行主编)《中越友谊的历史见证:广西南宁育才学校资料选编》,中国档案出版社,2010。中国广西壮族自治区档案馆、中国广西社会科学院编(黄铮执行主编)《中越友谊的历史见证:广西桂林育才学校资料选编》,中国档案出版社,2010。本章所叙述南宁、桂林育才学校的具体内容,均引自上述文献。

中等社会科学师范学校，1951年迁来，有四届毕业生，将近400人，1956年迁回越南。

华语专科学校（中文学校），1952年新办，有三届毕业生，其中翻译班373人，教师班280人，1956年迁回越南。

初等师范学校，1952年迁来，有五届毕业生，共1520人。1956年迁回越南普通学校。1951年办有普通学校（小学）一所，作为师范学校的教学实验基地。1954年桂林少年儿童学校中高年级学生迁来并入。1956年又接收1900多名来自越南南方的少年儿童，成为一所九年制的普通学校，共有学生约3000人。

以上为南宁育才学校总校的学生情况，共约6000人。另有桂林分校，即1954年从江西庐山迁来的庐山-桂林少年儿童学校（桂林育才学校），有学生约1000人，1957年迁回越南。这样，曾经在广西南宁、桂林育才学校学习过的越南学生总数约为7000人。

（二）育才学校的后勤保障

南宁、桂林育才学校的开办经费，由中国政府援助解决。1951年5月20日，刘少奇同志在广西上报的关于越南儿童来桂学习经费问题的请示上作出批示："请陈云同志办复。此事为丁同志（"丁"为越南抗法战争期间胡志明与中国同志联系时使用的代号——作者注）多次要求。已答应由他们到广西设立学校，用越文教学，中国帮助，经费由中国解决。"[①] 在1957年之前，中国政府对育才学校采用"供给制"的办法，一切开支全由中方包下来。1957年后，根据中越双方商定，校舍和主要教学设备，由中方提供；人员的衣食、学习用品、文娱体育用品、家具修缮等经常性费用，由越方负担，全部在中国援助款项中拨付。根据中央指示精神，广西方面担负起了南宁、桂林越南学校的后勤保障

---

① 广西壮族自治区档案馆、广西社会科学院编（黄铮执行主编）《中越友谊的历史见证：阮文追学校资料选编》，世界知识出版社，2015。马勇：《越南学校在桂林办学往事回忆》，《广西文史》2013年4期。本章所叙述桂林"九二"学校和阮文追学校的具体内容，均引自上述文献。

工作，涉及的经费则向中央申请拨款解决。

校舍和教学设备方面，广西做好了南宁心圩临时教学区简易校舍、桂林原德智中学校区校舍的修建和维护工作，以及南宁育才学校新校区的建设工作，并购置了一批主要教学设备，满足了教学需要。

育才学校的所有学生，在生活上一律按"包干制"的待遇。为了让孩子们能够安心学习，后勤部门对学生的伙食和生活用品作了妥善的安排和供应。伙食方面，每个学生每月的伙食标准折合1955年3月发行的第二套人民币为12元。这个标准比中国一般干部的标准要高。当时干部的伙食标准为每月9元。每逢节日，学校另有加菜费。学生的每天三餐，早餐以豆浆、包子为主，午、晚餐为米饭、荤素菜及汤。平均每人每天有4两2钱的肉类，粮食平均定量为每天1斤半。为了改进伙食，学校成立了伙食委员会，有学生代表参加，定期召开会议。根据教师学生意见办好伙食，每星期会制定一次菜谱。伙食委员会还派人上街，了解蔬菜供应情况，采购师生喜爱的蔬菜品种，并在烹调上注意越南的口味和习惯，注意克服老是一套的做菜方法，提倡每种菜要有多样做法，见图2-8。由于吃得较好，许多学生到育才学校后体重增加，身体变壮实了。据桂林育才学校对学生的健康检查，从1953年11月至1954年5月，学生平均体重增加2.9公斤。

图2-8 中国厨师正在为育才学校师生做饭

生活用品方面，每年都供应南宁和桂林育才学校的学生外衣、单衣、棉衣、卫生裤，配备棉被、棉褥、被单、枕头、帽子，发放牙膏、牙刷、肥皂等物，并及时予以更换。据南宁育才学校总务处的一份工作总结，该校1955年上半年给学生配备的服装是，"在去年全部彻底新装的基础上，每人又发了1双皮鞋、1双雨鞋、1双胶鞋、两套外衣、两套衬衣，以及背心、袜子、手套；牙刷、牙膏、肥皂等日用品均按计划依时供应"。桂林育才学校秘书处也在一份工作总结中写道：学校刚从江西庐山迁来时，就"适时地解决了学生的服装和其他装备。每人发给衬衣1件，短裤两条，蚊帐1顶，力士鞋1双，木板鞋两双，凉席1张。棉大衣、棉衣、棉被均全部拆洗，基本上做到温暖、够用、整洁（在庐山，每个学生曾发过两套单衣、两套衬衣，

图 2-9 育才学校学生在寝室

均未穿坏，有的学生还保存着新的，故冬天衬衣只做1件）"。学生们的生活用品是充足的，见图 2-9。

学习和办公用品则是根据各单位的需要做预算后采购供应。由于学校单位多，这方面的需求量很大，但后勤部门仍想方设法保证了供应。根据南宁育才学校 1954 年学校总务科的工作总结，这一年供应了教学和学习需要的白报纸 53.3 万张、油墨 2927 盒、蜡纸 2500 张、篮球 120 个、排球 209 个，以及一批乒乓球、球拍和玩具。购买乐器、制作舞蹈服装用款 1 万多元。

医疗卫生保健方面，南宁育才学校设有医务所，有医生、护士 30 多名。医务室可治轻病号，重病号则送南宁的广西军区医院。桂林育才学校医务所是原江西庐山育才学校医务所，随学校迁至桂林。医务所下设门诊部和留医部，有 12 名医务人员。为了孩子们更健康地学习，育才学校医务所的医务人员努力做好医疗、保健、卫生、防疫等工作，定期给学生做健康检查，打预防针。由于越南处在抗战的艰苦环境中，医疗条件很差，不少孩子患有疟疾、肠道寄生虫、头癣、贫血等疾病。育才学校医务所有针对性地专门制定了检查和治疗方案，收到了很好的效果，学生们的健康水平有了较大提高。

为给越南学生提供一个安全的学习环境，广西方面加强了对育才学校的安

图 2-10 负责育才学校学生安全的解放军战士

全保卫工作。南宁育才学校一直有人民解放军一个连队负责警卫工作，桂林育才学校也有一个排的解放军战士负责警卫，见图 2-10。

（三）中方协调机构和驻校人员

根据中越双方共同商定，育才学校的领导和管理工作、教学工作由越南负责。越南方面为此派出一批富有经验的领导、管理人员和教师到校工作，确保了教学任务的完成。中国方面，除了负责提供衣食住行及教学需要的各种物资供应，还要努力帮助越南同志办好学校。关于这点，中共中央对广西有过明确的指示。1955 年 3 月 7 日中央在给广西省委的电报中指出："今后对育才学校的帮助，教学工作方面，由中央教育部党组负责，并委托广西省教育厅党组就近具体帮助；学生工作方面，由青年团中央负责，并委托广西省团委就近帮助；经费开支与生活供给仍由中央对外联络部负责，并委托广西省委联络部就近处理。""最近将由中央教育部党组、高教部党组和团中央派出干部，组成一个工作组（不称专家小组）到育才学校工作。这个工作组由省委领导，业务问题则由省教育厅和团省委负责指导。工作组的任务是帮助他们的教学工作和学生工作。是去帮助他们，而不是去管理与领导。"根据中央指示精神，在广西省委领导下，省委联络部、省教育厅、团省委都切实地担负起了帮助育才学校、协调好相关方面工作的责任。桂林方面，省委责成桂林市委、市教育局、共青团桂林市委就近帮助桂林育才学校的工作，协调解决相关问题。广西的上述部门，在帮助越南学校搞好教学工作、开展课外活动、做好后勤保障方面都做了许多努力，并在实际工作中与越方领导班子建立和保持了良好的合作关系。

中国方面也向育才学校派出一部分人员驻校协助工作。1951年至1958年，先后到育才学校工作的中国同志大约有200多人，其中有驻学校工作组的成员和教师30多人，其余则为后勤服务人员。

驻校工作组人数多时有8人，另有两名翻译。他们由北京、上海、天津等地抽调的有经验的干部组成，主要工作是了解学校情况，提供咨询意见。工作组本着"积极、谨慎"的原则，将中国的教育经验介绍给越南友人，为办好学校提出过不少有价值的咨询意见，又不插手干预学校事务，受到越方领导和教师的欢迎。

选派到育才学校工作的教师大多数教汉语，部分为文艺和体育教师。这些中国教师在越南校方的领导下，认真做好教学工作，深入课堂、宿舍言传身教，不断改进教学方法、提高教学质量，受到学校领导、教师的称赞和学生的欢迎。南宁育才学校的中文教师刘少明、李迺忠、熊第明，桂林育才学校的中文教师黄颐锐等就是很受学生欢迎的中文教师。刘少明教越南学生学中文十分认真耐心，从日常生活接触多的事物入手，由浅入深，由易到难，由简及繁。她自编教材，反复领读，不厌其烦，嗓子沙哑了也全然不顾，课后还约需要个别辅导的学生一边散步，一边练习。黄颐锐老师用中国新公布的汉语拼音方案教越南学生学中文，十分认真地教学生发音，分清汉语拼音与越语发音的区别，反复演示，让学生看清发音部位，带学生课上反复练习，课后个别辅导。他为了提高教学水准，自己刻苦学习越南文，认真钻研汉语语法书，还将与越南相关的时事新闻如奠边府大捷、日内瓦会议、法国撤离越南等内容编进教材，使学生增强了学习兴趣，也提高了教学效果，见图2-11和图2-12。

为了学生的全面发展，育才学校中的中级、初级师范学校和普通学校（中

图 2-11　南宁育才学校学生在上课　　图 2-12　桂林育才学校学生在上课

小学）都将文艺体育活动列入教学计划。10 多位中国文艺和体育教师来到育才学校工作，他们与越南的文体教师成立了一个专门的教研组。在两国文体教师的共同努力下，育才学校的文体活动开展得有声有色。唱歌、跳舞、球类、体操、田径、游泳等项活动普遍受到学生们的喜爱，集体舞、团体操等大型活动也很受欢迎，整个育才校园充满了活泼向上的朝气。1954 年夏天，南宁育才学校组织了有 70 多名学生参加的文工团。粟仁金、白敬睦、谭敏等中国文艺教师参加文工团的工作。他们用心指导学生排练节目，反复演示动作，手把手地教，使文工团在较短时间内就排练出一批独唱、合唱、小组唱、对唱、乐器演奏、中国民族舞、越南民族舞、苏联舞、小歌剧等节目。特别是中国文艺教师创编和指导排演的《采茶扑蝶舞》《小马车夫舞》《苏联红军舞》《儿童游戏舞》等节目，达到了很高的水平。文工团每个周末都在校内演出，很受欢迎，见图 2-13。1954 年 12 月，越南在河内举行全国文艺汇演，育才学校文工团参加了汇演，结果一鸣惊人，受到很高评价。这次育才学校参加汇演的节目，分别获得"合唱演出奖""个人演出奖""介绍外国节目奖""改编舞蹈奖""创作鼓励奖"，以及两个集体奖："舞台工作奖""汇演团体荣誉奖"。育才学校文工团除参加文艺汇演外，还在河内单独演出 20 多场。其中，为胡志明主席和中央机关首长演出一场，为武元甲将军和军队首长演出一场，还与河内 3 所重点中学进行联欢，观众达 10 万余人。

在育才学校工作的后勤人员，把服务越南师生看成是自己的光荣任务与职责。采购人员克服种种困难，努力做好教学和生活用品的采购供应，做到有求

图 2-13　南宁育才学校学生合唱队

必应。炊事人员不怕苦不怕累，虚心听取教师和学生的意见，不断改进膳食品种和烹调技术，使做的饭菜更符合越南人的口味。办校初期学校伙食品种比较单一，后来就有了很大的改进。桂林育才学校秘书处 1955 年的工作总结提到，"伙食工作，在过去的基础上又有进一步的提高。对于口味、质量和花样都有很大的改进。一般都能按越南友人的口味去做。单早点做法上就有 12 种花样，有油条、馒头、花卷、蛋糕、肉稀饭、发糕、炒粉炒面、油饼、烧饼、豆浆等。肉类的做法有 36 种之多，其中完全属越南口味的做法有 15 种，其他做法也大致符合越南师生的口味。因此对伙食意见较少"。

警卫人员为了学校和学生的安全，日日夜夜站岗放哨巡逻。一些教师学生半夜起来上厕所，看到解放军战士在为他们站岗值勤，都非常感动。医务所人少事多。医务人员为了学生们的健康，都在认真努力地工作，牺牲了自己的许多休息时间。桂林育才学校医务所的医务人员每天除了完成日常的门诊和住院工作，还组织医务人员到各个师生宿舍进行巡回医疗。针对学生中比较普遍存在的疟疾、肠道寄生虫病和头癣，他们更是煞费苦心。为了消除疟疾，防止复发，医务人员对每个有症状的学生都跟踪发药，不漏掉一个人。在治疗肠道寄生虫病时，为了验证疗效，医务人员对每个驱虫者排出的粪便都要筛洗和多次复查，直到化验结果呈阴性为止。为了根治部分学生的头癣，医务人员不怕苦和累，硬是将几百个患者患处的头发一根根地拔掉，再反复敷药治疗，终于将顽固的头癣彻底治愈了。

育才学校中方工作人员一心一意做好本职工作的精神，受到越南师生们的赞扬。

（四）中越情谊充满校园内外

育才学校是中越友谊的产物。在育才校园里，中越两国同志都把对方当作亲人，大家互相关心，互相爱护，互相帮助，团结成一个大家庭。整个校园，处处都充满着"同志加兄弟"的深厚情谊。

学校的领导和越南同志非常关心中方教师。桂林育才学校的黄颐锐老师结婚后怀孕，由于身体不大好，几次在课堂上晕倒。翻译人员和学生们将她扶出教室休息，令黄老师非常感动。她稍稍休息后又回来上课，也令学生们深受感动。根据这个情况，越方学校领导特地给黄老师减了课时，还给她调了一间比较大的卧室。南宁育才学校为了让中文教师刘少明掌握最先进的教学方法，通过越南教育部和中国教育部安排她到北京、天津、上海的学校观摩教学，到北大东语系学习先进的教学方法。刘少明外出学习回来后，参照北大东语系的教材，重新编写教材，使教学质量显著提高，很受学生欢迎。

在育才学校工作的中国教师，大都是二十出头的姑娘或小伙子，该谈婚论嫁了。每逢有中国同志结婚，育才学校的越南同志都把它当成学校和自己家里的喜事来看待，让中国同志感动不已。1954年10月，中文教师刘少明同志与郭明（育才学校中方秘书）结婚，育才总校校长武醇儒亲自为他们主持了隆重热烈的婚礼。不久，武校长奉调回国。刘少明给他赠送了自己的结婚照。这张中国同志的结婚照，武醇儒一直妥善保留。1955年2月，中国教师李未与白素珊结婚，中文学校越方校长陶德安特地为他们的新房挂蚊帐。陶校长说，按越南的习俗，孩子多的人要为新婚夫妇挂蚊帐，以祝福他们多子多福。婚礼在学校会议厅举办，有中越两国同志百余人参加，共同为新人祝福。1958年年初，育才学校文艺组中国教师谭敏与白敬睦分别在同一天举行婚礼。越南教师为两对新人赠送了画册、相册等礼品，张罗了糖果、饼干、茶水，还组织了一个小小的乐队，有小提琴、手风琴、笛子、乐鼓等，又在会议厅门口放上绢帕，供中越两国同志签名纪念。婚礼上洋溢着中越人民的友好情谊。

在育才学校，中越两国师生之间、教师之间的深厚感情，有许多动人的表现。桂林育才学校中国医生唐衍琴、邓海棠抢救溺水越南学生胡仕校的事迹就曾被传为佳话。1954年的一天，越南学生胡仕校在甲山附近湖上划船后独自在湖边玩耍，不慎跌入湖中，被人救上岸时已没有了呼吸和脉搏。学校医务所医生唐衍琴闻讯赶到，一边迅速给孩子清除腹中积水和口腔异物，注射强心剂，并对其进行口对口人工呼吸和胸外心脏按压施救，一边让人通知医务所所长邓海棠。邓医生赶到后，立即接替唐医生对溺水学生进行人工呼吸和胸外心脏按压抢救。越南学生终于恢复了呼吸和脉搏，但由于长时间大脑缺氧，仍处于昏迷状态，并且出现肺气肿并发症。医务所医生护士日夜守护在孩子身边，三天后胡仕校苏醒过来了。为了治好肺气肿和防止大脑缺氧后遗症，医务人员继续护理了胡仕校两个多月，直到孩子完全康复。胡仕校对中国医生给了他第二次生命一直心存感激，他还认邓海棠医生作干妈。此事在育才学校中广泛传颂，被当作中越友谊的生动教材。

1955年年初，根据中共中央对外联络部的指示，育才学校公开。育才学生可以在南宁和桂林市内进行参观、联欢、球赛、交流教学经验等活动。当时，广西省委联络部、团省委、省教育厅对于在重要节日组织慰问育才学校，对于育才学校与当地学校之间互相开展交流教学经验，对于育才学生与当地学生在平时及寒暑假进行的联欢活动及夏令营等活动，都制订了工作计划，做出了具体安排。各项活动有条不紊地开展起来，主要有：

（1）重要节日的慰问联欢活动

1955年春节，根据广西省委联络部的安排，南宁方面，由省委向南宁育才学校师生发放慰问品，并组织相关活动，包括组织250名青少年代表到育才学校进行联欢，参加南宁育才学校组织的文艺晚会；组织省桂剧团到南宁育才学校演出两场桂剧;组织育才教师代表到联络部参加座谈会,与省教育厅、市文教局、南宁师范、南宁高中负责人进行座谈,交流办学经验等。桂林方面,由市领导带领80名少先队员和教师、团市委代表到桂林育才学校进行慰问联欢活动,在学校看望住院病号,召开联欢座谈会,并进行文艺演出。桂林少年儿童和育才学生分别表演文艺节目。联欢会后,育才学生们三三两两拉着中国小朋友的手去看他们的寝室或在校园里玩。

"六一"儿童节也是对育才学校进行慰问联欢活动的日子。1955年"六一"儿童节,南宁、桂林都对育才学校的越南少年儿童进行慰问。在南宁,5月30日晚,育才学校的200名代表参加南宁市儿童音乐晚会。6月1日上午,育才学校儿童到广西民族学院附近的树林里进行郊游及吸收新队员仪式。下午,南宁市200名儿童到育才学校进行联欢,两国儿童表演了节目,交换了红领巾、纪念章等。儿童节期间,南宁育才学校300多名学生参观了南宁市少年儿童的飞机模型比赛大会。在桂林,6月1日上午,桂林市团委和教育局组织120多名少先队员到育才学校进行慰问联欢。桂林少年儿童将自己制作的飞机模型、火车头模型、起重汽车模型、风向器等10多种礼品送给越南小朋友。育才学校少年儿童也将笔记本、画册、图片等送给桂林小朋友。两国儿童表演了许多节目。下午,育才学生到桂林观看了电影《丘克与盖克》。1956年"六一"儿童节,南宁、桂林两地对育才学校的慰问联欢活动更加热烈。校内活动分散在各个班级和活动室举行,校外活动选择在一些风景点进行。两国少年儿童一起在欢乐祥和的气氛中共同度过了自己的节日。这样的慰问联欢活动,收到了很好的效果,大大增强了两国同志和小朋友相互间的感情。对办好育才学校也起到了促进作用。桂林育才学校阮登珠校长在一次联欢会的致辞中深有所感地说:"我们学校得到毛泽东主席、中国共产党和中国人民很好的照顾,从物质的供应到领导的帮助,都是很周到的。每个纪念节日里,中国同志还来慰问我们,进行联欢,使我们深受感动,也大大鼓舞了我们的工作和学习。中国同志诚挚热烈的感情,激发我们用崇高的国际主义精神来对学生进行教育,教育他们努力学习,热爱祖国,热爱劳动,爱护公物,要像中国人民热爱我们越南人民一样来热爱、支持在我们学校工作的中国同志。"

春节、儿童节之外，在元旦、越南国庆节、中国国庆节，也安排了对育才学校的慰问或联欢活动。

（2）暑假的夏令营活动

夏令营是暑假期间组织少年儿童进行集体活动的一种很好的形式。育才学校开办期间，南宁和桂林都曾在暑期组织中越两国少年儿童共同参加夏令营活动，取得很好的效果。

在南宁，1956年暑假，育才学校少年儿童与南宁市少年儿童在武鸣县灵水风景区共同举行了"中越少年儿童夏令营"的活动。两国少年儿童共1000人参加。活动自7月8日至28日分两期进行，每期10天。为了组织好活动，7月初，广西省人民委员会给武鸣县发文，要求协助做好夏令营期间的后勤保障工作，并提出了具体的要求。夏令营由中方南宁市少先队总辅导员、四中教师杨永安与育才学校越南教师黄楷担任总辅导员，共同辅导夏令营的全部活动。通过适合少年儿童特点的新鲜奇特的开营式、游览灵水、游泳、营火晚会、夜行军、结营等系列活动，使整个夏令营充满欢乐的气氛，见图2-14。两国少年儿童和辅导员之间结下了深厚的友谊，大家在一起齐声高唱《东方红》《胡志明颂》，互相谈心，互赠纪念品，交换红领巾，互相签名留念。夏令营结束时，两国小朋友依依不舍，含泪话别，情景十分感人。杨永安作为夏令营活动中方总辅导员，半个多世纪一直保留着一个红星笔记本，上面有那次夏令营活动越方总辅导员黄楷，越南教师范秀珠、潘黄，以及一些越南少年儿童的中越文留言和签名。

在桂林，1956年暑假，团市委在桂林近郊和民族师范学校两地举办了少先队暑期夏令营，中越儿童分6批参加。其中中国学

图2-14 南宁育才学校学生到武鸣县灵水游玩

生1750人，越南育才学生625人，每批活动时间为3—5天。夏令营开营期间，桂林市领导、团市委、教育局负责人都到夏令营探望孩子们，并赠送了礼品。夏令营的干部都是从各高中和师范学校抽调优秀的团员组成，他们热情很高，组织能力很强，使夏令营各项活动体现了团结、活泼、多样的特色。两国儿童玩得很高兴，感觉很新鲜。大家在一起共同生活，互相帮助，互相学习，增进了感情。夏令营结束时许多孩子舍不得离开，哭了起来。夏令营期间，两国少先队辅导员在一起工作，互相交流了少儿工作的经验，对双方都有很大的促进。桂林育才学校在夏令营结束时还专门举行了答谢会，感谢桂林方面为育才学生提供了良好的暑期活动条件。

（3）经常性的参观交流与联谊活动

1955年育才学校公开后，这样的活动很多，包括组织育才学校师生外出参观南宁、桂林的学校、工厂、农村，育才教师与当地教师互相听课观摩、交流教学，育才学校与当地一些中小学进行"结对子"的交流联欢，育才学生与当地学校学生进行一些文艺体育友谊竞赛，育才师生访问一些中国教师和学生的家庭，鼓励育才学生与中国学生交朋友等。南宁市和桂林市每年都对育才学校师生外出活动与南宁师生到育才活动作出安排。1955年，南宁育才师生曾参观广西民族学院、南宁市一中、南宁市十二小学、南宁砖瓦厂、广西日报印刷厂、广西医学院，几所南宁学校学生代表还到育才学校参观和联欢，见图2-15。据1956年统计，南宁育才各班级外出参观访问学校8次，举行学生联欢及社会活动10多次。与南宁育才学校进行"结对子"交流联欢的学校有南宁一中、二中、南宁高中（后改三中）、四中、一小、九小、十一小、十二小等学校。南宁三中是与育才学校联系最密切的学校。1955年春节期间，南宁三中学生100多人到育才学校联欢，除文艺表演、体育竞赛外，100多人分成50多个小组，每组两人参加到育才各班级的小组进行座谈交友。两国学生互赠礼物，签名留念，建立起纯真的感情。1955年9月，育才学校30多名教师到南宁三中参观，听取学校情况介绍，参观教学设备和学习环境，观看学生课外活动，收获很大。1956年春，育才学校学生到南宁三中联欢，参观教学设施，进行球类比赛，举行联欢晚会，彼此交换纪念品，互相签名留念。两国学生互相认识后，便经常来往。南宁三中部分学生高中毕业时，育才学生来三中话别，彼此叮嘱以后保持联系。育才学生学成回国之前，他们也相约来到三中，找熟识的朋友道别，赠送照片，写下感言。至今，一些曾在三中读书的老同志，还珍藏着当年越南学生赠送的礼物和写下的赠言。

桂林市同样对育才学校经常性的课外活动作出安排，其中有参观市内学校、郊区农场，举行

图 2-15 南宁育才学校师生去广西民族学院参观

中越学生大联欢、校内游园晚会，举办音乐比赛、球类比赛、工艺制作活动等。组织育才学校教师到桂林一中、三中、干部子女学校参观听课，安排桂林市有关学校的教师来育才学校参观听课。双方对听课都比较重视，事前研究教案，并翻译教案教材，听课后经过讨论，提出书面意见，供对方参考。这对双方教学促进很大。

上述活动使中越两国学生之间加深了了解，增进了感情，也大大促进了育才学校的教学工作，使学生们学到了在书本上学不到的东西，更是播下了中越友谊的种子。育才学校在广西办学期间，每逢重要的节日或一些学校完成教学任务迁回国内时，广西省委、相关机构都会收到育才学校及相关分校以集体或个人名义发出的感谢信。这些信件的字里行间洋溢着越南人民对中国人民的友好感情。下面就是1957年元旦育才普通学校（中小学）3000名学生集体写给广西省委的感谢信：

敬爱的广西省委：

值此1957年元旦到来之际，我们育才学校中小学3000多名同学向你们——省委的各位叔叔姑姑们致以热烈的祝贺和衷心的感谢！

我们受越南劳动党和胡伯伯的派遣来中国学习。6年来，得到中国人民无私的帮助和省委的叔叔姑姑们无微不至的关怀，所以，我们在学习上，在争取做一个具有优秀道德品质的越南青少年上都获得很大的成绩。

我们都知道，我们的每一点进步，都是和中国人民的帮助、省委的亲切关怀分不开的。为了把自己培养成为一个建设我们祖国的好干部，为了配得上光荣的胡志明时代青少年的称号，为了不辜负中国共产党、毛主席、中国人民、广西省委对我们的期望，使我们永远不能忘记的崇高的恩情，我们保证：努力学习，加强锻炼身体，积极工作，做到毛伯伯教导中国青少年的"三好"。

最后，让我们再一次祝你们——亲爱的叔叔姑姑们身体健康，更好地领导人民进行社会主义建设。

你们的侄儿、育才学校中小学全体同学敬礼

（五）胡志明主席与育才学校

育才学校是胡志明主席向毛泽东主席和中共中央亲自提出请求在中国广西开办的越南学校。在育才学校的办学过程中，胡志明主席一直非常关注和关心这所学校。

胡志明主席对越南学校迁到中国后，校址选择在什么地方为好，有他自己的考虑。1951年，越共中央委派教育部次长助理黄伟南、教师阮文展到广西，将胡志明的一封亲笔信交给广西省委主要领导。胡志明在信中提出，希望将越南学校的校址选择在"离越南不远，交通便利的城郊或农村"，以便"有山可以打柴，有河可以洗澡，有地可以种菜"。胡志明对办学地点的要求，体现了他一贯主张的学生不应脱离实际、脱离生产劳动的思想。当时，广西省委认真研究了胡志明的这个要求，并派出人民解放军战士护送越南同志到离边境不远的龙州、宁明县一带考察校址。然而，由于当时广西全境刚解放不久，一些地方仍有土匪活动，社会治安不大好。为了越南学校的安全，广西省委最后还是决定将越南学校的校址定在距南宁市较近的心圩乡。

胡志明主席十分重视刚办起来的育才学校，非常关心在这里学习的越南青少年的健康成长。他亲自为学校制定了"团结、学习、进步、服务"的校训。这8个字的校训写在了学校设计制作的校徽上。"团结、学习、进步、服务"，反映了中央学舍区即南宁育才学校的办学宗旨，体现了胡志明对在校工作学习师生们的要求。

越南北方解放不久，百废待兴，胡志明主席公务非常繁忙，但他一刻也没有忘记广西的越南学校，常常向从广西回国的干部和教师了解育才学校的办学及学生们的学习情况。1954年12月，越南河内举行全国文艺汇演。胡志明主席听说育才学校也派出文工团前来参加汇演，而且演出很精彩，非常高兴。他吩咐安排育才学校文工团专门为党中央机关干部演出一场。胡志明主席观看了演出，并接见了育才学校文工团的全体师生，见图2-16。胡志明主席十分高兴地夸奖了育才学校文工团的表演，同时也肯定了育才学校贯彻让学生得到全面发展的方针所取得的成绩。他在讲话中还表示，一定要找个时间亲自到学校看看。胡志明主席的这个计划，在1957年年底实现了。

图2-16 1954年12月，胡志明主席在河内接见参加文艺汇演的南宁育才学校文工团全体师生

图 2-17 南宁育才学校师生集会欢迎胡志明主席视察学校

图 2-18 胡志明主席给南宁育才学校师生作报告

1957年12月，胡志明在出国访问返回途中，在南宁停留。12月24日上午，胡志明来到位于今天广西大学西校区的南宁育才学校视察。当时校内约有2000名越南学生，其中大多数是南方学生。听到胡志明主席要来学校看望大家的消息，师生们都非常高兴和激动。当天早餐后，同学们就在校门至大礼堂的大路两旁集合，等候胡志明主席的到来，见图2-17。

胡志明主席进入育才学校后，由学校领导陪同来到大礼堂，与全体师生见面并讲话，见图2-18。因为学生多，礼堂内坐不下，只好将主席台从礼堂内移出，设在礼堂门口的台阶上方，教师们分坐在两旁的椅子上，约2000名学生则密密麻麻地坐在礼堂前的空地上。

坐在礼堂大门前正中的胡志明主席，始终面带笑容，他亲切地问候学校领导、中国教师和越南教师，向学校领导询问学校的基本情况：有多少教师？其中中国教师有多少？有多少女同志？在校学生有多少人？听说有不少是南方学生时，胡志明格外高兴。

在学校校长杨春研宣读欢迎词后，胡志明主席向全体师生发表正式讲话。胡志明首先代表越南党和政府感谢中国党和政府同意越南学校搬到中国广西办学，为越南学生提供了优越的学习环境，然后语重心长地对师生们提出了要求和希望。

胡志明说："我在越南国内，也常常打听你们在中国的工作、学习和生活情况。总的来说，干部和教师都能努力工作，同学们也能刻苦学习，团结友爱。这方面你们做得不错。但是不是所有方面你们都做好了呢？你们有做得好的方面，但也存在不足。当我们谈到好的方面的时候，也要把不足的地方指出来，让好的地方更好，不足之处得到改进。"胡志明特别指出了一部分学生存在的缺点：不讲卫生，不遵守纪律，不爱护公物，不讲礼貌，男女同学互相帮助不够。胡志明希望同学们改掉这些缺点。

胡志明在讲话中，教导同学们要珍惜来中国学习的机会，努力学好本领，回国后帮助更多的儿童。胡志明说："你们每个学生来这里学习的花费是多少，你们知道吗？在这里，每个学生花掉的钱在国内足够5名学生的开支。你们在这里现有2000名学生，在国内就可以供给10000名学生学习了。想到这个情况，你们难道不应该好好学习，尽快掌握本领，回国后让更多的孩子们得到帮助吗？"

胡志明在讲话中，要求同学们学习中国兄弟的一些好的经验和作风，这就是尊重劳动的精神，对工作的责任意识，谦虚、不骄傲的态度，勤俭和践行的品德。胡志明要求大家做好克服困难的思想准备。他说："大家来这里学习至少也超过一年了，有些人很快就要回国工作了。国内的条件没有这里好，没有漂亮的花园，没有大房子。对此，你们要有心理准备。因为我们的国家还很穷，而且还不能很快就得到改变。你们一定要立下一个志向，和全国同胞一起，克服困难，积极工作，把国家建设好。"

胡志明的讲话，用平凡朴实的语言，讲出了深刻的道理，深深打动了育才学校的每一位师生。

胡志明主席对在桂林的育才学校也非常关心。学校刚迁到桂林时，校名仍按在越南时的习惯称为"少年学生军学校"，而且学校也保留了较多在越南时作为军队学校的办学方式，学生们以连队为建制单位，统一穿小号军服，按照学习、军训、劳动"三结合"的模式安排活动。学生们也习惯这种军事生活并以此为荣。然而，胡志明意识到，要使这些孩子们学到更多更全面的知识，还是应当让他们接受全面的基础教育，将这所学校转到普通学校的轨道上去。

1952年下半年，胡志明与党中央、教育部研究后，作出了将越南少年学生军学校改称越南少年儿童学校并与普通教育相衔接的决定。1952年年底，越南少年学生军学校正式改称越南少年儿童学校。1954年年初，随着南宁育才学校新校址的建成，这所学校迁到南宁，成为中央学舍区一所九年制的普通学校，孩子们在这里接受全面正规的普通教育。越南少年学生军学校的搬迁和改名，体现了胡志明对培养越南青少年人才工作的重视，反映了胡志明富于远见卓识的教育思想。

胡志明主席十分想念在桂林育才学校学习的越南孩子，也很想亲自到学校看一看，但一直安排不出时间，只好采取给桂林育才学生写信的方式表达他对师生们的问候。1957年，胡志明访问欧洲，他从南宁乘火车到北京转飞机，途经桂林时，胡志明想起在育才学校学习的孩子们，因为不能下车去看望，便在火车上给桂林育才学校的1000名孩子写了一封信，用电报发出。信中有这样的话："伯伯希望你们都做乖孩子。我无限爱你们，给你们1000个吻。"胡志明主席的亲切话语，温暖和滋润着孩子们幼小的心灵。这些孩子们在数十年后，回忆起当年胡伯伯对他们的关心和爱护时，仍激动不已。

胡志明主席高度评价育才学校的工作成绩，也一再肯定在育才学校工作的教师，特别是中国教师。

1958年8月，在迎接越南国庆的日子里，为了表达对在育才学校工作的中国教师和南宁三〇三医院多年来救治越南伤病员的感谢之情，根据胡志明的指示，越南教育部、卫生部共同邀请曾在广西育才学校及三〇三医院工作的12位同志访问越南。自8月19日至9月5日，代表团在越南河内、下龙、鸿基等地度过了愉快的18天。在此期间，曾在育才学校工作的代表团成员与越南教育部官员、原育才学校教师、学生代表进行了亲切会见，并与全团一起应邀参加了9月2日的国庆观礼。9月4日，胡志明主席在主席府亲切接见了代表团成员，并合影留念。座谈中，胡志明主席高度评价了育才学校在培养越南青少年方面的工作成绩，表达了对中国教职员工的感谢之情，见图2-19。

1960年5月20日，胡志明在南宁过70岁生日期间，曾接见原育才学校中文教师刘少明，并请她一同进餐，合影留念。胡志明主席在谈话中表示，越南

图 2-19　1958 年 9 月，胡志明主席在河内接见育才学校和三〇三医院访越代表团成员

图 2-20　1960 年 5 月，胡志明在南宁接见原育才学校教师刘少明（左一）等

人民永远不会忘记为培养越南少年儿童辛勤工作的中国教师，见图 2-20。

1963 年 7 月，越南政府向为越南经济、文化等方面恢复和建设作出贡献的兄弟国家的同志颁发奖章和奖状。中国广西的几位原育才学校教师获得了此项荣誉。

（六）育才学校的办学成就

南宁、桂林育才学校的办学成就，概括起来表现在以下两个主要方面：一是为越南的抗战和建国事业培养造就了一大批人才，二是为越南教育事业的发展提供了有益的模式和宝贵的经验。

南宁、桂林育才学校办学 8 年，先后有约 7000 名越南学生在这里学习。

为越南的抗战、建国培养了一大批人才。1951年育才学校开始办学的时候，越南抗法战争还在艰苦地进行。1954年日内瓦会议后，越南停战，北方解放，国家开始恢复经济建设。育才学校办学期间，正是越南抗战和建国最急需人才的时候，约7000名学生在中国学习后陆续回国，发挥了重要作用。1953年，就有高等基础科学学校的100多名学生回国。1954年，又有一批师范学校的首届毕业生回国。他们被分配到越北根据地、解放区或敌占区，在极其艰苦和危险的环境中工作。他们克服困难，宣传群众，动员群众，发展教育，编写教材，鼓励学生入学，还要参加对敌斗争。这些育才学生，一个个都经受了考验，成为坚强的革命战士。1955年和1956年，育才所有师范学校的学生和教师陆续回国。当时，越南和平恢复不久，法国在越南撤退时在教育领域留下一个烂摊子。育才回国学生不少人参加工作团，投入首都河内的接管工作。他们过硬的业务水平和良好的道德操守赢得了人民的尊重，接管工作顺利完成，河内各学校得以复课。育才学校不少学生成为越南各个教育行政部门的领导，担任高中级学校的教师和领导。特别是高等基础科学学校和高等师范学校的师生，几乎承担了越北解放后恢复的高校全部基础课程的教学，成为所在高校的骨干，并为各高校编写统一的教材。1956—1957年，越南政府决定建立河内综合大学、师范大学、百科大学、农业大学、医科大学等。除医科大学已有师资队伍外，其他如综合大学、师范大学的教师队伍主要由育才高等基础科学学校和高等师范学校首届毕业生组成。育才高等师范大学第二届毕业生，回国后又培训了两年，其中大部分又成为百科大学、农业大学的首批教员。他们为越南高等教育事业的发展作出了基础性的贡献。育才学校中文学校的600多名毕业生，1956年回国后，或在学校教中文，或担任翻译，在外事工作和为援助越南建设的各个中国专家团服务方面作出了突出贡献。

育才学校的一部分学生，还在广西学习的时候，就直接被选送到中国其他地方和苏联的一些学校去学习和深造，见图2-21。1954年，有100名学生选送到苏联学习，60名学生选送到北京学习。1955年，又有80名学生选送到北京、上海和南京去学习。回国的学生，也有一部分人后来被派到中国、苏联、民主德国等国家继续培训和深造。这些学生学成回国后，成为越南教科文领域

图 2-21　育才学校选送去苏联学习的学生和他们的苏联老师

的业务骨干、学科带头人。而育才学校普通学校（中小学）学生回国后，绝大多数进入越南各类学校进行补习，完成高中课程，之后又进入中专或大学学习，并都活跃在越南各条战线、各个岗位上，用自己的知识技能报效国家。

总之，育才学校为越南培养了一大批"又红又专"的干部队伍。他们当中的许多人后来担任了党、国家、军队中的重要领导，其中有中央政治局委员，中央委员，政府副总理，省部级、司局级领导干部，以及军队、重要企业的负责人。还有许多人成为著名的自然科学家、社会科学家、文艺家、教育家、作家、音乐家、诗人、医生，成为教授、副教授、院士、博士。不少人被授予"战斗英雄""劳动英雄""人民艺术家""人民教育家"等称号。也有育才学校学生在抗战中牺牲了年轻的生命，被追认为"革命烈士"。据桂林育才学校校友会的统计，1954—1957 年在桂林学习的庐山 - 桂林少年儿童学校 1023 名学生中，后来成为越共中央政治局委员 1 人，中央委员 3 人，正副部长 16 人、将军 3 人，国会代表 8 人，院士博士 61 人，正副教授 32 人，优秀教育工作者 5 人，人民艺术家 2 人，优秀医生 3 人，战斗英雄 2 人，革命烈士 19 人。1023 名育才学校学生中有百分之九十后来达到大学本科毕业的文化程度。更为重要的是，"这 1000 多名学生后来都能很好地工作和生活，保持着良好的道德操守，半个多世纪了，没有一个人堕落变质"，这是原桂林育才学校校长阮登珠在纪念庐山-桂林少年儿童学校成立50周年时很自豪地说的一番话。

育才学校的另一个突出的办学成就是为越南教育事业的发展提供了有益的样板和宝贵的经验。

在法国殖民者占领和统治越南时期，越南的教育是殖民地教育，完全照搬法国教育模式，普通教育学制过长，高等教育模式陈旧，打上了很深的殖民主义印记。越南独立后，越共中央和胡志明主席高度重视发展教育，希望探索出一条符合自己国家实际的教育发展道路。但自1945年越南独立后，抗法战争一直持续到1954年。战争的环境和险恶的条件，使越南共产党不能建立起自己完整的教育体系，无论是普通教育还是高等教育，都缺乏样板模式和实践经验。1950年，越南政府针对旧的普通教育学制过长等弊病，决定对普通教育实行九年学制，但由于战事吃紧，没来得及在总结经验后加以实施。而设在中国广西的中央学舍区各学校，组成了一套完整的教育体系，这就为越南北方解放后的教育事业提供了一个全新的教学模型和样板。

在普通教育方面，育才学校率先按九年三级学制（一级四年，二级三年，三级二年）建立了普通学校，并按照三级普通学校对师资的需求建立了相对应的初等、中等、高等师范学校，并在办学过程中取得了丰富的经验。越南北方解放后，在普通教育方面，越南全国基本上是按育才学校的模式改造旧的教育制度，建立新的教育体系。

在高等教育方面，法国统治时期高等教育的办学模式并不可取。越南北方解放后，法国虽留下几所高等学校，但在撤退前又将几乎所有师资和教学设施转移到南方。这样，高等学校的办学道路和模式就得自己去摸索。育才学校的高等基础科学学校和高等师范学校也就理所当然地成为越南北方解放后高等教育办学的一个样板。育才学校利用在中国办学的有利条件，大量购买和搜集当时苏联、中国出版的关于高等教育的书籍、材料，并组织翻译。在借鉴兄弟国家关于学校布局、专业设置、学制、教学内容、教学方法、教学大纲、教材等做法和经验的基础上，育才高等基础科学学校、高等师范学校通过改进教学，办成了新型的高校。其后，根据育才高等基础科学学校和高等师范学校的经验，越南又对法国留下的几所法律、医药、科学、师范高校进行整顿和改造。育才高校的教师及毕业生，成为这些高校及后来陆续新建高校的领导或骨干，担任这些高校基础学科的教师和教材的编撰者。育才高校新的教学模式从而成为越南北方解放后高等教育的示范和样板。

育才学校为越南教育事业发展作出的贡献，更表现在回答了学校应当执行什么样的教育方针，应当培养什么样的人等问题，并做出了典范。

南宁、桂林育才学校贯彻胡志明主席关于"团结、学习、进步、服务"和"教育要让孩子们得到全面发展"的思想，把德育、智育、体育、美育紧密地结合起来，以便使学生在政治思想、专业知识和体格心灵方面都得到全面发展和提高，成为越南抗战和建国所急需的有用人才。

南宁、桂林育才学校十分重视对学生的政治思想教育工作。总校长武醇儒在谈到学校的德育时说："中央学舍区的所有人员尤其是教职员工、党员干部都清醒地认识到，每个学生在接受科学知识的同时还必须接受爱国主义，随时为祖国的独立事业而牺牲的精神，忘我为人民以及下一代，对敌人的仇恨、对同志朋友的爱，反对个人主义等思想道德教育。教师们应当通过自己的职业渠道把这些优良品德传授给劳动人民下一代。"为此，育才学校通过多种途径对学生进行政治思想教育，比如，通过政治课结合课堂教学进行，通过召开班会、周会、团组织和少先队组织的生活会进行，通过读报、听广播、记日记、出墙报进行，通过举办报告会、组织学习竞赛、参观访问进行等。通过这些形式多样、生动活泼的思想教育工作，使育才学校的学生们在心灵上受到陶冶，产生潜移默化的作用，有利于形成健康向上、积极进取的人格精神。

在南宁、桂林育才学校，学习始终是第一位的。一方面，学校领导班子十分注重学生专业知识的学习，严格按照教学规程组织教学活动，要求教师想方设法提高教学质量，使学生们在学校期间接受更多的科学知识以便服务祖国，并为国内新的教育制度的形成和教学系统的组织建设积累经验。另一方面，学校也十分重视让学生通过多姿多彩的文体活动，锻炼身体，健全身心，陶冶心灵，以便有更好的精神面貌完成学习任务及报效祖国人民。为此，学校专门成立了由越中两国文体教师组成的"文体美"小组，组织、指导学生课内外的文体活动。

体育方面，有组织地开展体操、球赛、游泳、军训、野营等活动，并在各分校和班级之间开展一些体育项目的竞赛。文娱方面，学唱歌，跳交谊舞、民族舞，组织歌咏比赛，成立器乐队、文艺队、文工团，排练节目，创作歌曲，编剧本，组织他们参加校内校外的文艺联欢活动。学校还组织学生参加绿化、搞卫生等劳动。通过这些活动，使学生们得到比较全面的发展。这些方法都被越南北方解放后各个学校所效仿。

（七）穿越时空的校友情谊

育才学校在广西南宁、桂林办学期间，中越两国人民建立了深厚的感情，共同谱写了友谊的篇章。尽管物换星移，时光流逝，但育才学校却一直铭刻在中越两国人民的记忆中，历久而弥新。20世纪90年代，在越南和中国广西先后成立育才学校校友联谊会。两地校友之间密切交往，频繁互访，共同延续着几十年前的友好情谊。

自20世纪80年代起，越南河内等地曾在育才学校学习工作过的校友就不时相约聚会，共同回忆在广西学习的那段不平凡的日子，1988年正式开始筹备成立中央学舍区（南宁育才学校）校友联谊会。1991年10月，在育才学校成立40周年的时候，河内正式举行了育才学校校友联谊会成立大会，并出版了育才学校40周年《纪念文集》，许多校友撰写了回忆育才学校的文章。当年育才学校的总校长武醇儒也写了《回忆中央学舍区》一文，回顾了中央学舍区（南宁育才学校）的办学情况，表达了对中国人民的极其友好的感情。

1991年11月，中越关系实现正常化。1992年春，10多位育才学校的越南校友通过边贸点（那时中越尚未恢复口岸通行，也未能办护照）来到南宁。几经周折，他们打听到了当年育才学校中文教师刘少明的消息。不巧的是刘少明出差在外。刘少明的丈夫郭明是当年育才学校中方办公室秘书；他立即联系广西大学和自治区外事办公室，接待了来自越南的首批"寻根"的客人。

后来，刘少明夫妇又与广西大学和自治区外办反复沟通商议，促成了在广

第二章　八桂大地上的越南学校

西大学成立育才校友会及邀请原育才学校总校长武醇儒率团访问广西的意向。

1993年2月，广西大学举行育才学校校友联谊会成立暨校友见面会，见图2-22。原育才学校总校长武醇儒率11人的校友代表团应邀访问广西大学。越南代表团成员与育才学校原教职

图2-22　原育才学校总校长武醇儒（武元甲之弟）1993年在广西大学育才学校校友会成立会上讲话

工代表进行了亲切会见，参观了广西大学的校园，探寻了昔日的校舍。武醇儒老校长感慨良多，不禁写下了《重返中央学舍区》的感言：

> 重返旧地，见到校舍、道路、树木和鱼塘，激起多少伤感。老友见面鬓已白，互相谈心忆往事。
>
> 光阴虽流去，情谊依然在。山山水水仍记牢，千秋留下一束花。

在广西大学领导和校友代表的陪同下，武醇儒总校长等还来到位于南宁市高新区的心圩参观旧校址。当他走进九冬坡黄氏祠堂当年的学校总部办公地时，激动得热泪盈眶。

此后，广西南宁育才校友会与越南育才校友会的校友之间常有往来。广西大学原校长陈光旨，心圩乡党委书记雷鉴辉，原育才教师熊第明、刘少明等多人都曾应邀访问越南。越南育才校友也一批一批来到广西，来到广西大学和心圩寻根和怀旧。一些越南校友将自己的儿孙送来广西大学学习，让年轻的下一代延续越中情谊。

1997年5月，原育才学校中文教师熊第明应邀访越，时任越南国会办公厅主任的校友武卯在座谈会上回忆育才的学习生活时，即兴写诗赠给熊第明：

时光已流逝，
过去的四十年，
她养育着我，
给我神妙的翅膀。
啊！南宁，桂林！
我携带你的名字，
在燃烧的心里，
跟随你一生。

越南育才学校校友联谊会会长范道教授也作诗送给熊第明：

四十年了。我们才见到你，
慈祥的面庞，白发已稀。
我们的名字你还能记清，
啊！各处一方真忘不了。
想起你教我们"你好！""再见！"，
一笔一画写方块字。
你教我们同声高呼：
"胡志明万岁！""毛主席万岁！"
今天你到越南，
我们都已年老，不再年轻，
昔日的怀念，
如灯火一样温暖，
这就是中越友谊之情。
即使时光已换掉我们的满头白发，
但不会忘掉你带来的恩情，
敬爱的老师！

熊第明在越南访问 20 多天，从北到南，所到之处，无不深切感受到育才校友的深情厚谊，激动之余，也写诗在分别时赠给越南朋友：

越关山，跨国门，霭霭青云伴我行。
骤相逢，又别离，聚散犹如在梦中。
常相忆，莫相忘，叮咛嘱咐声声唤。
笑语欢，情未了，友情似水水长东。

2006 年 9 月 30 日，中央学舍区（南宁育才学校）成立 55 周年纪念大会在河内百科大学举行。广西大学副校长黄维义应邀率团前往参加活动。代表团中有原育才教师刘少明、熊第明。庆祝活动期间，越南教育部竞赛奖励处负责人分别宣读了越南总理和教育部的奖励决定，授予刘少明、熊第明由越南总理签署的奖励证书，表彰他们当年为发展越南教育事业作出的突出贡献；授予另外 15 名同志由教育部长签署的"为教育事业作出贡献"证书和徽章，证书徽章由广西大学黄维义副校长代表领回。这是越南政府对中国广西的政府和人民当年帮助越南办学的肯定和感谢，见图 2-23。

2007 年 1 月，中央学舍区校友联谊会会长范道率校友代表团访问广西大学。1 月 15 日，广西大学举行隆重的颁发越南政府"为教育事业作出贡献"徽章仪式。10 位获颁徽章的原育才学校教职工（另几位因在外地缺席）从范道会长手中接过金灿灿的徽章。原育才学校文艺教师白敬睦代表获奖者发表感言，回顾了在育才学校度过的难

图 2-23 原育才学校中国教师刘少明、熊第明 2006 年在河内荣获越南方面颁发由总理签署的获奖证书

忘岁月。南宁三中校长方杰玲女士邀请越南育才校友联谊会派代表参加同年11月举行的南宁三中建校110周年活动。因为育才学校在南宁办学期间，曾与南宁三中结成友好学校，两校学生往来很多。范道会长高兴地接受了邀请。南宁市副市长肖莺子会见越南育才校友联谊会代表团成员，表示南宁市将尽快修缮好心圩原育才学校总部旧址，使之成为一处象征中越友谊的重要遗址。

2007年1月，《南宁日报》和《南宁晚报》开展了"南宁育才学校寻迹"的系列报道活动，两报记者采访了曾在育才学校工作的教师职工及原南宁三中等学校的师生，还有一些越南校友，写出了许多感人至深的报道。报道持续到当年11月，前后历时近一年。仅《南宁晚报》就先后推出30多篇（组）重点报道，总计5万多字。这次专题系列报道活动使中越人民之间跨越时空的深厚情谊深深印在了广大读者的心中。

2007年9月，南宁市政府拨款120万元修缮原育才学校总部——心圩黄氏宗祠，于10月完工。南宁市将其列入市级文物保护单位。在当年的中国-东盟博览会期间，这处遗址对外开放。越南驻南宁总领事阮英勇率先参观。育才校友、"越南之声"广播电台国际处处长阮决心在参观后激动地说："感谢中国政府把这里留住。我们永远不会忘记在这里的学习经历。"

南宁三中校庆110周年活动于2007年11月3日举行。越南育才校友会会长范道应邀率30名校友参加活动。11月2日，越南客人来到三中，与三中的领导、教师及当年的三中学生一起，在校园种上3株友谊树，见图2-24。第二天，代表团出席了三中建校110周年庆祝大会。范道团长作了热情洋溢的致辞。代表团在南宁期间，还去心圩参观了刚刚完成修缮的原育才学校总部旧址。来到孩提时代留下深刻记忆的地方，不少校友激动得流下热泪。

图2-24 原南宁育才学校学生2007年11月参加南宁三中校庆110周年活动并在校园种友谊树

2008年9月，原育才学校

学生、时任越南副总理武宽访问广西大学,会见了原育才学校中方教师,参观了原育才学校的旧房子,以及心圩原育才学校总部,见图 2-25。这是原南宁育才学校级别最高的校友重回学校寻根。

桂林育才学校的越南校友,同样常常怀念着在桂林学习的难忘岁月,常常重温着与中国人民结下的深厚情谊。

图 2-25 南宁育才校友、越南副总理武宽 2008 年 9 月访问广西大学时留影

1993 年,越南庐山-桂林少年儿童学校(桂林育才学校)校友联谊会举行纪念学校成立 40 周年活动,校友蒙代容创作了一首题为《永远想念桂林育才学校》的歌曲,唱出了校友们对桂林、对学校的思念之情。

2000 年 5 月,一部分原桂林育才学校校友来到桂林,专门去医院看望了当年育才学校秘书处处长刘雨霖,见图 2-26,后又前往育才学校中文教师许同梅、学校医务所护士胡启华的家中拜访,感谢他们当年对越南学生的关心和照顾。

2001 年 1 月,原桂林育才学校医务所护士胡启华应邀访问越南,受到数十名校友欢迎和接待。原桂林育才学校校长阮登珠亲自致辞欢迎胡启华到访。有的校友深情回忆了胡启华当年为越南学生治头癣的往事,再次表达了感激之情。越南校友还在胡启华的头巾上签名留念。

2002 年 10 月,越南越中友协副会长、桂林育才学校校友武高潘率团参加广西师大 70 周年校庆活动,其间,会见了原育才学校

图 2-26 桂林育才学校校友到医院看望住院治疗的原学校秘书处处长刘雨霖(右三)

教师，并合影留念。

2003年7月，广西师大越南学校纪念碑落成，越南政府办公厅国际司司长、育才校友阮文同率团访问师大，出席揭幕仪式。

2003年8月，越南举行纪念庐山－桂林少年儿童学校建校50周年活动，广西桂林派出代表团赴越

图 2-27 越南有关部门负责人向桂林市领导颁发由越南国家副主席签署的桂林市友谊勋章证书

参加活动。代表团由自治区副主席吴恒率领，成员有广西师范大学党委副书记阳国亮、桂林市副市长及原桂林育才学校教师等。活动期间，越南向广西桂林市宣读由国家副主席张美华签署的《国家主席关于颁发友谊勋章的决定》，见图2-27。决定指出，"根据越南总理府2003年8月12日第1071号报告中的提议，兹决定为中国广西桂林市颁发友谊勋章，以表彰在越南抗战期间，桂林市提供校址，培养越南革命干部的子弟，为越中两国人民的友好合作作出的贡献"。

2003年9月29日，桂林育才学校校友、越南越中友协副会长武高潘访问广西师范大学期间，给曾在桂林育才学校工作的教师颁发"和平与友谊纪念章"及证书。原桂林育才学校秘书处处长刘雨霖、中文教师许同梅夫妇因身体原因未能出席颁发仪式。第二天，武高潘副会长特地到他们家中，亲自送上纪念章和证书。

2004年4月，桂林育才学校校友，越共中央政治局委员、中组部部长陈庭欢访问广西师范大学，会见了曾在桂林育才学校工作过的老教师及越南留学生代表，见图2-28。这是桂林育才学校级别最高的校友回母校访问。

多年来，原桂林育才学校的越南校友不但常常想念桂林，还相约重回桂林，探寻过去的校址，重温昔日的学习生活。这当中，勾起了校友们许多深情的回忆。他们纷纷用诗篇抒发了自己的感受。

第二章　八桂大地上的越南学校

图 2-28　越共中央政治局委员、中组部部长，育才学校校友陈庭欢 2004 年访问广西师范大学时与学校领导及原育才学校教职工合影

有一首《桂林，想念你》的诗写道：

重回桂林游一游，
探望母校会友亲。
中国老师和姑姑，
日日夜夜挂在心。
为了越南儿童的成长，
不辞劳苦和艰辛。
如今我们已长大成人，
情义如同海洋深。
祖国山河换新颜，
桂林之恩永记心。

还有一首《回忆桂林母校》的诗写道：

> 想当年党让我来这里，
> 革命学校红瓦璀璨。
> 桂林人民恩深义重，
> 节衣缩食把我们供养。
> 我的桂林母校啊！
> 培育我们成长的摇篮。
> 这方苗圃花苑，
> 设在中华友邦的国土上。
> 毛主席、胡主席恩深似海，
> 越中情义重如山。
> 如今我们已成长，
> 哪能忘记友情和师恩。
> ……

二、桂林"九二"学校（1967—1975）

（一）迁校缘起与校址校舍

20世纪60年代中期，美国不断扩大对越南的侵略战争，中国人民义无反顾地支持越南人民的英勇抗战。帮助越南办学再度成为当时中国援越抗战的一项重要内容。

1966年12月18日，根据中越两国政府1966年11月23日签订的《关于中国给予越南成套设备和技术援助的议定书》"附件"中第26、27项的内容，中越两国教育部代表在北京就越南几所学校搬迁到中国办学的问题进行了会谈，达成了一致的意见，形成了《会谈纪要》及附件。

根据该《会谈纪要》及附件，越南搬迁到中国办学的学校是阮文追学校、南方普通学校、南方民族学校、南方儿童学校，共4所，"校址定在桂林市郊区"。"越南迁移至中国的学校的开办费、经常性开支，在中国政府给越南政府的无偿援助款项内支付","在越南学校新校舍建成之前,中国将桂林中学的全部校舍和桂林一中的部分校舍借给越南学校临时使用。如现有校舍不敷使用时,中方协助搭建一些临时用房"。

中国方面对越南 4 所学校以越南国庆日 9 月 2 日的数字为代号,通称为"九二"学校。

阮文追学校是越南人民军总政治局直属的一所军队文化学校,为纪念 1964 年 10 月在越南南方牺牲的抗美爱国青年英雄阮文追而命名,1965 年 10 月创办于越北太原省革命根据地。学生大都是年龄在十四五岁左右的军队和党政机关干部子弟。这所学校的少量人员于 1966 年 12 月先期来到桂林,大批队伍 1000 多人于 1967 年 1 月到达,暂时借用位于穿山的桂林一中校舍办学。桂林市政府同时在市郊尧山为阮文追学校建设新校舍。1967 年年底,建成各种校舍共 45 栋,总建筑面积近 2 万平方米。1968 年 1 月,阮文追学校学生全部从桂林一中迁入新址(今桂林航天工业学院)。至 1968 年 8 月,学生结业,学校从桂林迁回越南。阮文追学校在桂林办学的时间约为 20 个月,见图 2-29、图 2-30、图 2-31。

图 2-29 桂林穿山原桂林一中阮文追学校校舍

图 2-30 桂林尧山阮文追学校新校区全景(今桂林航天工业学院)

图 2-31 桂林尧山阮文追学校新校舍

迁至桂林的越南南方学校共 3 所,包括:南方普通学校(在越南时称阮文贝中小学,为纪念越南南方抗美著名战斗英雄阮文贝而命名)、南方民族学校(中小学)、南方儿童学校(在越南时称武氏六学校)。学生大都是越南南方干部和革命烈士子女,有不少是孤儿,年龄最小的才六七岁。南方3校学生于1967年年初迁至桂林,暂时借用桂林市甲山的桂林中学(即原庐山-桂林越南少年儿童学校旧址)办学。

桂林市政府同时在市郊三里店吊罗山为越南南方学校建设新校舍。越南方面将南方3校并成一个总校,统称越南南方学生区,委派伊额担任总校长。

1968年,建成吊罗山越南南方学生区新校舍(今广西师范大学育才校区),共有各种建筑79栋,总建筑面积近4万平方米。同年9月,越南南方3校全部迁入新校址,截至1975年8月学校迁回越南,在桂林的办学时间长达8年,见图2-32和图2-33。

图2-32 桂林三里店越南南方学校新校区全景(今广西师大育才校区)

图2-33 桂林三里店越南南方学校校舍

越南南方学生区所属学校迁至桂林后有所整合。1972年9月,南方儿童学校学生并入南方普通学校和民族小学。南方学生区所属学校调整为南方中学(阮文贝初中)、南方小学(阮文贝小学)、民族小学(附设几个初中班)3所,1973年又整合为南方中学和民族学校两所。

据有关资料,越南阮文追学校1968年8月迁回越南时有师生1542人;越南南方学校1968年8月有高中生455人随阮文追学校迁回越南,1968年8月以后历年结业陆续回国的师生有2179人,1975年8月学校最后迁回越南时有师生996人,合计越南南方学校在桂师生有3630人。另,阮文追学校和南方学校学生在桂林因病因故死亡有14人。这样,自1967年至1975年的8年间,迁至桂林办学的越南学校师生总数为 5186 人。

（二）尽心尽职的"九二"办公室

根据中越两国《会谈纪要》，双方在桂林各自建立联络机构，以便加强联系，解决越南在桂林办学的相关问题。1967 年 7 月，桂林市"九二"学校联络委员会正式成立，由市委秘书长兼任主任。联络委员会下设办公室，通称"九二"办公室，1967 年 10 月刚成立时配有专职干部和联络员七人，办公室主任由市革委办公室副主任兼任，戴生佩为专职副主任。1971 年 8 月，桂林市革委会办事组外事小组组长王殿科调任"九二"办公室主任。1972 年 10 月，王殿科调离，戴生佩接任，直到 1975 年 8 月越南学校撤离。"九二"办公室最初在榕湖饭店办公，1971 年后进驻越南南方学生区，在学校内办公，见图 2-34。

"九二"办公室的工作职责是为越南学校排忧解难，做好服务工作。具体工作主要有校舍建设与维护、物资供应、后勤保障、对外联络、安全保卫等。为了做好服务工作，桂林市从各个单位选拔抽调人员，担任翻译、司机、炊事员、电工、建筑工、技工、花匠、理发员、勤杂人员等，人数最多时有 60 多人。全体工作人员在"九二"办公室领导下，把服务越南学校当作执行毛主席"七亿中国人民是越南人民的坚强后盾，辽阔的中国领土是越南人民的可靠后方"指示的具体行动，全心全意、兢兢业业地做好本职工作。

"九二"办公室切实做好了越南学校的物资供应和后勤保障工作。当时，物资及生活用品比较缺乏，要解决越南学校几千人的后勤供应不是一件容易的事。但办公室的同志们仍能发挥自己的主观能动性，不怕困难，想方设法，尽心尽职，努力把事情办好。

当时越南学校所需要的粮食、油类、肉类、家禽、蛋类、蔬菜及日用品数量相当多，桂林人民虽节

图 2-34　越南南方学校总校长伊额（中）与桂林市"九二"办公室人员在一起

衣缩食，优先满足越南学校，但因供应数量毕竟有限，仅靠桂林市无法满足，还必须依靠农村和外地调拨支援。"九二"办公室的同志不辞劳苦，深入郊区农村，发动群众，将生猪卖给越南学校，还开车到兄弟县去采购主副食品。师生所需要的牙膏、牙刷、香皂、肥皂等生活用品当时也很紧缺，"九二"办公室就到桂林附近的阳朔、荔浦、平乐的百货二级站去购买。校舍和设备的维修添置需要质量好的木材，办公室人员就到盛产木材的龙胜县去采购。

桂林冬天比较冷，老百姓都要取暖。越南南方来的孩子不习惯，宿舍、教室、饭堂都得保持一定的温度，木炭和柴火便成为必需品，而且需求量很大。当时，桂林此类物资也很紧缺，"九二"办公室的同志就开车到永福县、灵川县、龙胜县等地去采购。路况不好，长途颠簸，还要自己装卸，跑一趟下来，累得够呛，但大家不辞劳苦，保证了木炭和柴火的供应。"九二"办公室联络员、党支部副书记唐纪荣，一次到乡下拉木炭装车时，不慎从装满木炭的车上摔下，右手被划伤并造成骨折，腰部也被撞伤，落下了病根，却没有任何怨言，越南同志很受感动。

按照中越双方的《会谈纪要》，"越南学生和教职工的服装，根据越方提出的标准和服装式样，由中方制作、供应"。教职工每人每年仅制服就要供应两套，还有冬天的棉衣，几千名师生的供应量就相当大。这些衣服的制作都交给桂林市东风被服厂。厂里将制作服装所需布料的品种、数量报到"九二"办公室。办公室商请桂林百货批发站供应布料。有时桂林市无法满足，办公室就得联系和请求县一级批发站予以供应。为了赶制越南师生的服装，桂林服装厂的职工加班加点是常事，而大家都以为越南学校服务为荣，愉快地完成了服装制作供应任务。

本来，根据中越两国政府相关《会谈纪要》的规定，"越南学生和教职工的伙食，由越方自己办理"。因为越方炊事员经验和技术的原因，开始时伙食办得不好，品种单一，口味差，造成浪费。学校总校长找到"九二"办公室，请求中方派几位好的厨师到学校食堂工作。"九二"办公室经请示上级后，选派了几名优秀炊事员到越南学校食堂。中方炊事员与越方炊事员密切配合，从民族小学食堂抓起，努力改进伙食，做到一周内早餐不重样，午晚餐尽量变换菜式，注意饭菜口味，使师生吃得满意。然后总结这个食堂的经验，向其他5个食堂推广，使各个食堂的伙食都得到改善，受到师生的欢迎。

"九二"办公室把关心越南学校学生的健康当作一件大事，越南各个学校设有医务所。按照两国相关协议，学校师生一般的疾病，由各校医务所治疗；各校医务所不能医治的疾病，由中国医院接受治疗。"九二"办公室主动认真做好越南学校师生的治疗工作，联系桂林市第一人民医院作为越南学校的联系医院。此后，医院不时派出医务人员到各个学校，协助医务所对师生进行体检，定期打预防针，服预防药，做好卫生防疫工作，防止疾病的发生和蔓延。桂林第一人民医院设有专门病房，及时收治越南学校伤病员，安排有专车接送病号到医院就诊治疗，医院还专门配备越语翻译，以方便中国医生的诊治。为使住院病号不致感到寂寞，病房还添置了音响设备。

"九二"办公室的另一项重要工作是联络和交流。办公室同志认为，越南学校办在桂林市，不能与世隔绝，学校应多与桂林有关单位进行友好交流，让越南朋友多了解中国，了解桂林，增进中越人民之间的友好感情。因此，办公室经常出面联系，邀请越方学校领导和代表出席桂林市在重要节日期间举办的庆祝活动，组织越南学校师生到桂林市和外地参观，组织越南学生与桂林学生进行文艺联欢和体育竞赛，组织越南师生到校外参加生产劳动，促成到桂林访问的越南领导人和重要代表团到越南学校看望越南师生，邀请桂林学校师生到越南学校进行参观和联欢，等等。通过这些活动，使越南学校师生感到生活在中国大家庭的温暖，从而更珍惜自己的机会。

为了做好工作，全心全意为越南师生服务，"九二"办公室制定了严格的纪律，要求工作人员不能有任何私心，工作人员也都能够自觉遵守。办公室规定工作人员不得在为越方采购布料时搭车为自己购买。关于粮食、肉类、副食品等，中方人员也不能利用为越南学校采购的便利，为自己购买。中方炊事员帮助越南学校师生做饭时，所有饭菜都必须全部送到越方食堂。中方炊事员做好饭后，即刻回到中方人员饭堂，用自己的饭票买饭用餐。由于有制度的约束，大家都做得很好。这也令越南友人深受感动。

"九二"办公室就是以这样的工作精神和作风，圆满完成了承担的工作任务，赢得了越南师生的好评。1975年5月，在越南南方学校迁回越南前夕，越南教育部代表团访问桂林，特向"九二"办公室赠送一面锦旗，上面绣着："衷心感谢桂林市人民在抗美救国斗争期间给予越南南方子弟学校的热情帮助。"代表团还代表越南政府授予"九二"办公室越南民主共和国二级战斗勋章，以表彰"九二"办公室在援助越南人民抗美救国斗争中作出的贡献。

（三）阮文追学校在桂林的20个月

阮文追学校又称阮文追少年学生军学校，是越南军方管辖的一所军队文化学校，1965年10月创办于越南太原省的大慈，1967年1月迁至桂林，1968年8月迁回越南，在桂林的办学时间为20个月，是20世纪60年代搬迁至桂林4所学校中办学时间最短的。学校迁回越南后，先后驻扎在山西省的中河与富寿省的兴化。1970年学校解散，学生参军或上高一级学校深造。这所学校存在的时间共5年，在桂林的20个月占了学校全部历史的三分之一。

阮文追学校的1200多名学生和200多名干部、教职工于1967年1月全部到达桂林。中越商定，学校的行政管理和教学工作由越方负责。中方的工作主要是负责提供办学场所和做好后勤保障。桂林人民为阮文追学校的办学提供了多方面的帮助，使学生们顺利完成了在桂林的学业。

阮文追学校刚迁到桂林时，借用位于穿山的桂林一中的大部分校舍办学。1966年12月，已有少量人员打前站来到一中。为了做好越南学校接待和安全保卫的工作，桂林市特地调市公安局的凌汉民同志任桂林一中校长。凌校长到校的头一件事，就是给越南学校腾出教室和宿舍。一中是一所有2000多名学生的全日制中学，要在短时间内将绝大部分师生迁至市师范学校，不是一件容易的事。为了迎接越南学生大队伍的到来，凌校长等教师耐心做回校同学的思想工作，动员大家搬出学校。

当时，有位叫高锦葵的一中应届初中毕业生，被推举担任桂林市大中学校学生代表大会代表，在同学中有一定威信。高锦葵意识到，腾出校舍给越南学校办学，是支援越南人民抗美救国斗争的需要，于是积极配合凌校长，逐个教室宿舍向同学做宣传发动工作，说服同学迁出学校。一连十几天，他与学校后勤人员一起，搬桌椅，挪床铺，打扫卫生，一部分同学在他的带动下，也投入到为越南学校腾出校舍及清洁卫生的工作中。1967年1月，阮文追学校大队伍来到桂林，高锦葵又投入迎接越南学生到来和安置师生住宿的工作中，表现非常突出，得到了阮文追学校最高领导裴克琼政委的赞扬和信任，并从此结下深厚友情。

阮文追学校的师生在桂林一中顺利安顿下来并开始学习生活。当时，一中部分师生也留在学校，就这样，两国师生生活在同一个校园里。清晨，两校的高音喇叭一同开始播音；夜晚，下自修的钟声和熄灯的军号声在校园回响。阮文追学校和桂林一中的师生互相关心，互相爱护，互相帮助，使一中校园充满着浓浓的中越情谊。

1967年春天，阮文追学校刚迁进桂林一中不久，桂林市暴发了一场流行性脑膜炎。当时，桂林市政府对此事非常重视，要求市第一人民医院全力做好医治越南学校感染人员的工作。医院成立抢救小组，设立专门病房。市里安排车辆，将发高烧的学生立即送往医院。桂林市副市长冯邦瑞专门坐镇医院指挥救治越南学生。自治区卫生厅也派专家进驻阮文追学校，发现有发高烧的学生立即送市一医院。这时候，又是那个一中学生高锦葵，冒着被传染的风险，一连十多天与校领导一起协助学校医务所处置被感染的学生，负责将受感染越南学生从宿舍抱上车，送去市医院治疗。同时，他协助学校医务所做好防疫工作，对学生进行滴鼻子预防和口服抗感染药，并劝说过往闲人不要进入学校。在大家的共同努力下，这场流行性脑膜炎被遏制住了，中越两国同志共同谱写了一曲战胜病魔的凯歌。阮文追学校裴克琼政委、杨兴俊校长看到高锦葵冒着被感染的风险协助处置病人的表现，都非常感动。裴政委对身边的人说："高同志是我们信得过的人，以后他有什么事来找我，不必通报。"

像这样对越南学校学生的健康高度负责的事例还有很多。一次，阮文追学校在同一间宿舍睡上下铺的两个学生发生激烈争吵，睡上铺的学生一不小心摔到地下，头部受伤，流血不止，必须送去医院。中方驻学校联络员让学校医务所作简单处理后，即安排车辆将该生送往外科水平比较高的部队医院，作进一步的治疗。医生为该生缝合了伤口，他不久就痊愈了。受伤学生很是感动。

　　阮文追学校的师生与一中的师生同在一个校园里，彼此有机会接触，很快就互相熟识并建立起深厚的友谊，见图2-35。两校都有英语、俄语的课程，两国的教师、同学就常在一起互相交流。同学之间也相互学习普通话和越南语。大家在一起常唱革命歌曲《东方红》《大海航行靠舵手》《歌唱祖国》《南泥湾》《在北京的金山上》《学习雷锋好榜样》等。中国学生经常唱，越南学生也跟着唱，慢慢就学会了。越南学生唱的《越南－中国》《故乡》《阮文追学校校歌》等，中国学生也跟着唱。当时，中国全国正在掀起学习毛主席著作的高潮。中国学生常将毛主席像章、毛主席语录、毛主席著作单行本送给越南学生，很受越南学生的欢迎。一中的一间办公室内放有桂林市外事办送来的越文版毛主席著作、毛主席语录及《人民画报》等宣传资料，供来这里的阮文追学校师生阅读和索取。学生们与越南学生一起唱歌、弹吉他、看中国画报，许多人因此成了朋友。

图2-35　阮文追学校学生在观看中国国庆联欢晚会文艺演出

在一中校园里，中国教师基于越南学生远离家乡和亲人，常常会把他们领到家里坐坐，有孩子的，让孩子们在假日与越南学生玩在一起，尽管生活并不宽裕，仍会买些糖果饼干来招待越南学生。久而久之，越南学生也常常主动到中国教师的家中。一中俄语老师马绪成待人热情，很喜欢越南学生，一些越南学生如杨明、良山、志仁兄弟等也喜欢到马老师家坐坐。每逢有学生到来，马老师的爱人就会去小卖铺买来饼干糖果，使越南学生感到像回家一样温暖。马老师有4个女儿，3个在身边，她们与越南学生很快成了好朋友。大家常在一起散步、聊天、唱歌，互相教普通话和越南话。马家门前的草地，常常成为两国少年联欢的场所。中国"母亲"充满慈爱的照顾，使越南孩子忘记了远离家乡和亲人的孤独。1968年8月，学校要迁回越南时，两国少年朋友依依不舍。临行前，越南学生给马家赠送了用美国飞机残骸金属片制作的小飞机模型，还用父辈在战场上缴获的美军降落伞布料做的一条丝巾送给马老师的爱人留念。1993年，马老师的三女马小薇，写了一篇散文《丝巾》，发表在《桂林日报》上，讲述了马家与阮文追学校越南学生交往的故事，表达了对越南友人深深的思念之情。2005年，马家姐妹终于与越南朋友杨明、良山、志仁兄弟等重逢。《丝巾》这篇文章很快又被翻译和复印，在阮文追学校校友之间传递，其后又被收录进阮文追学校校友联谊会编印的《在战火中诞生》一书，成为传播中越友谊的佳作。一中盛国安老师两个女儿也在该校读书。一些越南学生常到两姐妹家中，亲热地称呼两姐妹的父母为"爸爸""妈妈"。两姐妹与越南教师阮垂兰结为姐妹。盛家18岁的姐姐得了风湿性关节炎，越南师生知道后，不时来看望，问寒问暖，还送来慰问品。

桂林一中邵景福老师与阮文追学校之间也有一件难忘的往事。邵老师的爱人怀孕，而且到了即将分娩的时候，必须到市里医院做产检和待产。从一中到市内，少说也要走一个多钟头，当时不容易找到车，便走着到了市医院。医生检查后说，还不到住院的时间。为了节约开支，她只好又从医院走路回家。但刚回到一中，她突然感觉腹痛，并有临产征兆，去市里医院已不可能，邵老师万分着急。阮文追学校的教师见此情景，立刻将邵老师的爱人送进学校医务所。越南医生立即行动，成功地为产妇接生，结果母子平安，邵老师很是感激。

为了丰富阮文追学校学生的校园生活，促进中国和越南学生之间的交流，增加彼此的友谊，阮文追学校与一中的校领导经过商议，决定共同开展文化娱乐和体育竞赛活动。一中常常请来市里的电影放映队，到校放映《地道战》《音乐舞蹈史诗东方红》《中国第一颗原子弹爆炸成功》等影片。阮文追学校也为一中放映了不少介绍越南人民抗美斗争的影片，还将越南故事片《阮文追》配上普通话，在一中和市里放映，效果很好。

1967年9月2日是越南国庆22周年。阮文追学校举行庆祝大会，一中派出几百人的师生参加，与越南人民共同庆祝节日。当天，桂林一中与阮文追学校足球队还进行了友谊比赛。两支球队实力相当，水平都很高，吸引了校内外的许多观众。

1967年10月1日正值中华人民共和国成立18周年，桂林市外办打算举行规模更大的联欢活动，要求桂林市歌舞团准备节目。根据市外办的意见，桂林市著名歌唱演员、电影《刘三姐》中刘三姐的扮演者黄婉秋要用越南语演唱越南歌曲《越南－中国》。为此，建议阮文追学校音乐老师阮红线到桂林市歌舞团指导黄婉秋唱越南歌。一中学生高锦葵又承担了联络任务。一连六七天，阮老师在高锦葵的陪同下来到桂林歌舞团，一句一句地教黄婉秋唱《越南－中国》。在10月1日举行的中越联欢晚会上，热情端庄的黄婉秋成功地演唱了这首歌曲，赢得了满堂喝彩。中越两国观众沉浸在歌曲所激发的友好情谊中。

阮文追学校不仅重视学生文化知识的学习，也重视让学生在学校得到全面的发展和提高。学校经常组织学生参加劳动。搞卫生，清洁学校环境是经常进行的。学校还轮流组织各班学生到尧山，在阮文追学校新校舍的建设现场参加劳动。当同学们得知劳动是为自己所在的学校建设新校舍，也是为发展越中友谊出力时，干得格外起劲，见图2-36。学校也很重视对学生的思想政治工作，注意抓住学生身边的小事，进行潜移默化的教育。到中国后，随着伙食的提高，有段时间，一些学生在用餐时出现了浪费现象。学校党团组织抓住这一事例进行教育。当时，一中学生与阮文追学校学生同在一个大饭堂，越南学生的伙食标准为每人每月14元，吃的要比中国学生好。学生们自己也看得很清楚。校方借此引导学生进行讨论，中国人民在经济还很困难的情况下节衣缩食来供养我们,我们该不该浪费?这样的现实教育使学生触动很大,思想上有很大提高,饭堂上的浪费现象很快就得到纠正。

阮文追学校 1965 年 10 月成立,1967 年 1 月搬到桂林,1968 年

图 2-36　阮文追学校学生在桂林市郊农村参加劳动

8 月迁回越南,到 1970 年 10 月解散,见图 2-37。从阮文追学校出来的 1000 多名学生,后来有百分之九十上了大学,绝大多数学生在军队服务。有两名教师和 28 名学生在抗战中光荣牺牲,其中黄金中烈士被追授"越南人民武装力量英雄"称号。有 10 多人晋升为将军,有 6 人担任部长级以上领导,数百人成为教授、副教授、博士、文学家、画家、歌唱家、著名记者、音乐人、知名企业家等,在各省市机关单位和企业担任领导工作的就更多了。第 5 届学生阮

图 2-37　阮文追学校部分学生回国前在桂林火车站合影

善仁 2013 年 10 月从越共中央政治局委员、政府副总理升任越南祖国阵线中央委员会主席。这是阮文追学校的骄傲。

（四）为了越南南方学生更好地成长

搬迁到桂林的越南南方3所学校，即越南南方学生区，是桂林"九二"学校的主要组成部分。学校自 1967 年至 1975 年在桂林长达 8 年。桂林市"九二"办公室成立于 1967 年 7 月，"九二"学校中的阮文追学校在 1968 年 8 月迁回越南，因此，"九二"办公室实际上主要为越南南方学生区学校服务。

越南南方学生区的机构设置和人员编制，均由越方调配。学校的行政管理和教学工作也由越方负责。南方学生区设总校，下辖教育科、组织科、行政科、财务科、医务所和党、团、工会、妇联、少年儿童等组织。各个分校建有党支部，任命正副校长。越南政府为南方学校配备了足够数量的高素质师资队伍和强有力的领导。学校总校长伊额是抗法时期的老干部、少数民族领袖、越南国会议员，工作认真，作风朴实，热爱教育事业，关爱孩子，对中国人民有着深厚感情。加上中方做好联络协调和后勤保障工作，越南南方孩子们在这里学得安心，学得快乐。

在南方学生区，中国同志将努力做好服务工作当作支援越南人民抗美斗争的具体行动。工作不讲条件，不计报酬，不分干部工人，不分分内分外。后勤人员采购生活物资时，既是干部，又是装卸员。遇到宿舍、教室破损漏雨，干部一样爬上屋顶修理，也会自己动手安装门窗玻璃。为了美化环境、改善生活，中方后勤人员在校园种花草、竹子、桂花树，还自己种菜、养猪、养鸡鸭。越南南方学校的学生年纪都较小，最小的才六七岁，生活上需要更多的照顾。中方同志就帮助学校食堂想方设法为孩子们改善伙食。孩子们喜欢吃叉烧拌糯米饭，食堂就常常做。夏天孩子们喜欢吃冰棒，学校食堂就买来冰棒机，制作冰棒满足孩子们。对困扰孩子们的头虱问题，学校理发室尽心予以解决。南方学生区设有理发室，中方配有 3 名理发员。由于学生多，平均每天都有 60 多人理发。理发员不怕苦，不怕累，加班加点没有任何怨言。不少南方孩子生长在战争环境，卫生条件不佳，头上长了虱子，痒得难受就不断用手去抓，造成伤口化脓感染。学校理发员细心为他们剃成光头，仔细给他们清理虱子。医务所又与理发室配合，开出药剂，给孩子们清洗消毒伤口，很快虱子没有了，伤口愈合了，头皮不痒了，孩子们格外高兴。

南方学生区领导采取各种措施，让孩子们更好地成长，在德、智、体、美、劳各方面得到全面发展。

为了南方孩子更好地成长，学校注重从政治上引导学生关心国家的命运和前途。越南孩子们在中国和平安宁的环境中学习，而他们的祖国和家乡此时正进行艰苦的抗战。学校教育孩子们一方面要珍惜这里的极好机会，发奋努力学习，另一方面又要关注和了解祖国正在进行的抗战，关心国家的命运和前途，做到与自己的祖国心心相连。为此，学校常常给学生作时事政治报告，介绍越南国内抗美救国斗争的形势，并配合国内抗战取得的重大胜利，组织相关活动。1973年1月，在越南抗战节节胜利的情况下，在关于越南问题的巴黎会议上，四方代表正式签署了《关于在越南结束战争、恢复和平的协定》，这是越南人民、印支各国人民和世界爱好和平与进步力量人士的胜利。协定签署第二天学校就举行了庆祝活动，校园内张贴庆祝胜利的横幅标语。南方中学、小学的师生组织游行，欢呼胜利。

为了与越南师生共同欢庆胜利，中方驻校同志还通过桂林市组织文艺宣传队到学校演出，其中有不少庆祝越南取得抗战胜利的节目。通过这些活动，使学生们在感情上与祖国产生共鸣，为国家的胜利自豪骄傲。

经过越南人民的不懈斗争，1975年4月30日，西贡解放。5月1日，越南南方全境解放，越南南北统一。越南人民取得了抗战的彻底胜利。消息传来，越南学校沸腾了。学校举行庆祝大会、游行和电影晚会。在庆祝大会上，伊额总校长感谢中国人民对越南抗美救国斗争的支持，感谢桂林人民和"九二"办公室对越南学校的帮助。在电影晚会之前，伊额总校长代表越南教育部，向"九二"学校赠送20枚胡志明纪念章。越南学生也从中受到国际主义和越中友谊的教育。学校还召开座谈会，布置各班举行班会，庆祝胜利，畅谈感想。同学们纷纷表示，一定要努力学习，圆满完成在中国的学业，为建设祖国做好准备。同时，要学习中国人民的国际主义精神，为发展越中友谊作出贡献。

为了越南南方孩子更好地成长，学校注重抓好切实有效的思想政治工作，使学生们在掌握文化知识的同时，培养爱国主义精神，树立全心全意为人民服务的思想，养成良好的道德风尚。伊额总校长和校领导善于抓住正反方面的一些典型事例，进行现实的思想政治教育。他们用中国同志兢兢业业的工作精神来教育越南学生。学校电工组何师傅负责校内电灯电器的维修，工作辛苦忙碌，他不分昼夜地干，经常加班加点，随叫随到，学校的许多师生包括小学生都知道他。伊额总校长号召全校师生向何师傅学习。一名学生还以何师傅的事迹为素材，写了一篇题为《中国叔叔全心全意为人们服务》的文章，参加越南国内举行的学生作文竞赛，荣获一等奖。学校领导又抓住该生作文获奖的事例进一步启发学生，使同学们受到很现实的教育，对全心全意为人民服务的精神有了更深入的领会。有段时间，个别学生中出现了违反群众纪律的现象，用弹弓射杀老百姓的鸡，偷农民的甘蔗、柑橘、凉薯，以及蜂农蜂箱里的蜂蜜。当地群众虽将这些情况反映给了中方驻校人员，但被认为都是小事，表示谅解。中方驻校人员也觉得，学生年龄还很小，做些调皮捣蛋的事在所难免。事后根据情况给当地群众作了适当赔偿，也没有向校方提出正式交涉。但学校方面认为，事情虽小，但影响很坏，不严加管教，不利于孩子的成长，于是安排时间，将有此类行为的学生集中进行教育，联系实际谈问题，提高认识后才让他们回到班里。与此同时，学校抓住这个典型事例，在全校开展学习教育活动，收到很好的效果。同学们都表示要严格要求自己，很快杜绝了此类现象。

越南南方学生区学校还与"九二"办公室密切配合，抓住一些越南代表团和越南高层到访桂林市的机会，争取他们来学校考察。学校认为，孩子们远离祖国，若国内有领导干部前来学校视察，可以让孩子们了解国内的情况，知道党和政府一直在关心他们，从而激励孩子们学习的积极性。这也是一种现实的思想政治教育。那些年，先后有不少越南代表团和高层领导到访桂林，其中到南方学校视察的有：以青年战斗英雄阮文贝为团长的越南南方青年联合会代表团，越南驻中国大使吴船，越南南方民族解放阵线中央委员会主席团成员、越南南方人民解放武装力量副司令、越南南方妇女联合会主席阮氏定，越南广播文工团，越南政府副总理黎清毅等。他们的到来给学生们以巨大的鼓舞和鞭策。1974年

5月，阮氏定视察学校后在师生大会上充分肯定了学校几年来在教学、思想、劳动等方面取得的成绩。她说："你们的学校是一流的学校。学校清洁、整齐，同学们健康、听话，学得很好，家长们很放心。这些成绩和进步，是在中国叔叔、伯伯们帮助下取得的，是因为越中两国人民有着深厚的友谊。你们不要忘记中国同志的帮助和支持，不要忘记老师们的教诲。你们要努力学习，做一个好学生，一个革命的学生。"作为越南南方民族解放阵线中央领导人之一，阮氏定的一席话，令在桂林学习的越南南方学生受到极大的教育、鼓舞和激励。

为了南方孩子更好地成长，学校注重开展丰富多彩的文化体育活动，让学生们身心愉快、身体健康。学校在课程设置上有文艺课和体育课，课外文体活动也开展得很好。每天下午到了课外活动时间，学生们有唱歌的、跳舞的、画画的、打球的、练体操的、学游泳的，忙得不亦乐乎。学校不时举办电影晚会、文艺晚会，演出同学们自己排练的节目，也邀请市里的专业和业余文艺团体来校表演，使整个校园呈现出浓浓的欢乐、活泼、祥和、健康的气氛。

为了提高学生的文体素养，学校注重对学生中的文体骨干和学校的文艺教师进行培训。学校曾通过"九二"办公室，邀请桂林市文化部门派人到学校教学生学习跳舞，教唱中国歌曲，训练学校的手风琴、小提琴、笛子、二胡等演奏人员，并对学校20多名音乐教师和10多名美术教师进行培训。学校还请桂林市文艺团体派人到校指导文艺队排练新疆舞《大寨亚克西》、儿童舞《壮族少年热爱毛主席》，以及《伐木歌》《丰收舞》和魔术节目等，见图2-38。学校文艺队学会后在参加校内外各种文艺活动时，都以精彩的表演受到观众的好评。

暑假是进行文体培训的最好时间。越南南方学校常常利用假期举办学生文体培训班，让学生们集中一段时间在教师的指导下

图2-38 桂林市歌舞团派人到越南南方学校教跳民族舞蹈

参加各类文体活动，快速提高水平，见图2-39。1974年暑假，越南南方学校同时举办了足球、篮球、乒乓球、体操及音乐、舞蹈、绘画等项目的培训班。桂林市文化、体育部门派专人到校指导。培训进行了整整一个月的时间。参加培训的学生文体骨干有100多人，其中足球队35人、篮球队25人、乒乓球队23人、体操队20人、绘画班35人。集中培训进行得很顺利，得到很大收获。培训结束全校还进行了体操表演、球类比赛及图画展览，以展示学校开展文体培训的成果。伊额总校长很高兴地向桂林市"九二"办公室的同志说："经过培训的同学，今后将成为学校文化、体育活动的积极分子和骨干。学校利用假期组织学生参加多种多样的文化、体育活动，丰富他们的文化生活，让他们健康、快乐地成长，是一件很有意义的事。"

图2-39 越南南方学校学生在漓江游泳

为了南方孩子更好成长，学校注重组织学生参加力所能及的劳动。让孩子们从小就树立起劳动光荣的意识，养成热爱劳动的习惯，形成尊重劳动人民的良好风尚。学校注意组织学生在校内参加各种经常性的劳动，包括打扫卫生、清理沟渠、修路、除草、种树、种花等。搞好校园的清洁卫生、美化学校环境，是各个班级经常组织同学做的事情。1973年暑假，学校组织学生在校园铺种草皮，让一块一块空地披上了绿衣。1975年，学校组织学生精心养护校内树木和花草，新栽种树木300多株。在搬离桂林之前，学校又组织学生进行一次大规模的清洁卫生、美化校园的劳动。此外，学生还在驻校"九二"办公室人员带动下，在校园内开荒种菜、种杂粮、养猪、养鸡鸭。1971年，学校成立了"十一"友谊农场，专门负责生产农副产品。1972年，学校收获各种蔬菜42吨。1973年，蔬菜生产量达人均5公斤。1974年，饲养生猪130多头。1975年，学校收获了蔬菜、红薯等26吨，猪、鸡鸭等肉类人均4公斤多。学校自办农场，让学生参加劳动，不仅培养了学生的劳动观念，掌握了一定的生产技能，同时也让他们感受了收获的快乐——用自己的劳动成果给自己改善生活，见图2-40。

图 2-40 越南南方学校学生参加收割水稻劳动

学校还经常组织学生到校外参加生产劳动和市政公益劳动。1973年6月，学校组织600多名中小学生到桂林市柑橘研究所参加劳动，为50亩果树剪枝、除草；带领200多名学生到朝阳公社合心大队第五生产队参加劳动，帮生产队翻地5亩多。1974年暑假，南方学校共组织1400多名学生到农村参加夏收夏种劳动，收割水稻120亩，插秧24亩，打谷50亩，放草踩田30亩。1974年冬，伊额总校长带领400多名师生到七星公园后门附近一段马路降坡工地参加市政建设公益劳动。教师和学生们用锄头和铁铲挖土、刨土、铲土，用藤织泥筐挑土或抬土，干得很起劲。两天的时间，师生共挖土400多方。1975年4月，伊额总校长亲自带领500多名师生到独山果园参加种树、除草劳动，共种果树苗3600多株，除草15亩。他还带领700多名师生到朝阳公社第一、第五生产队劳动，种下花生、高粱20多亩。伊额总校长对中国同志说："南方学校学生多是革命烈士子女和干部子女，他们大都来自农村，那里生活很艰苦。如今来到桂林学习，生活条件好了，环境发生了很大变化，学校要不断让他们受到劳动锻炼，体验到农民劳动的辛苦，体会到粮食来之不易，教育他们永远不要忘记过去。"参加劳动，不仅让越南南方学生们身体上得到了锻炼，思想意识上得到了提高，而且在社会实践中，加深了对中国的了解，增进了对中国人民的友好感情。

（五）越南校友的桂林情结

曾在桂林学习的越南阮文追学校和越南南方学校的师生们，回到越南后虽然居住分散，但都非常珍惜曾经在中国一起学习和工作的缘分，他们之间常有联系和往来。越南南北统一后，特别是中越关系正常化之后，校友们聚会时，常常谈起在中国桂林的学习生活，回忆起他们曾熟悉的人和事，也会商量组织校友重回桂林，看看过去学习和工作的地方。桂林，在他们心中留下了深深的情结。

1995年5月，原桂林越南南方学生区总校长、时任越南国会民族委员会主任的伊额率团访问广西。同行的6人中有5人当年曾在越南南方学校工作和学习。在南宁的时候，伊额就提出，到桂林后要见见他所熟识的原桂林市革委会副主任崔金才和曾经在"九二"办公室工作的同志。在桂林，伊额的愿望实现了。他和代表团成员来到广西师范大学育才校区，这里正是原越南南方学生区校园。旧地重游，看到了他们曾经学习、生活的校舍，他们的高兴激动之情溢于言表。伊额与时任桂林市人大副主任的崔金才及原桂林市"九二"办公室的同志见面和座谈，大家一起回顾了当年在桂林的越南南方学校时的一些往事。伊额一再表达对桂林人民的感谢，特别是他们对越南南方子弟的关怀与爱护及对越南人民的抗美斗争事业的支持。

阮文追学校原是越南人民军总政治局直属的军队文化学校，学生后来大都在军队工作，校友之间联系特别紧密。他们很早就成立了校友联谊会，也经常开展活动。1995年10月15日在河内举行庆祝阮文追学校成立30周年大会时，武元甲大将曾亲临会场并发表讲话。从那时起，每到"逢五逢十"校庆，阮文追学校校友联谊会都会在河内举行隆重的庆祝活动，同时编辑出版名为《在战火中诞生》的纪念文集。1995年出版了第一辑。至今，这样的纪念文集已经出版了数辑。在文集中，不少校友回忆了学校迁到桂林的情况，回忆了自己在桂林的学习生活，回忆了与桂林人民友好交往的情景；也有的文章介绍了自己几十年后重回桂林、探寻以前的校舍、拜访昔日的教师的情况和感受；也有不少是怀念桂林、感谢老师的诗篇。所有这些文章的字里行间，都洋溢着校友们浓浓的桂林情。

2003年10月，由陈建国等7人组成的阮文追学校校友会代表团访问桂林，见图2-41。他们自称这是"打前站"的访问。代表团成员中有家住河内的，也有家住胡志明市的。广西师范大学热情接待了他们。在桂林期间，代表团一行来到桂林一中，在

图2-41　2003年10月，首批阮文追学校校友访问桂林一中

校领导的陪同下参观了穿山校区（他们刚到桂林时使用的校舍），拜访了他们熟悉并结下很深感情的马老师和他的女儿，以及盛老师。他们参观了尧山的原阮文追学校的校舍（今桂林航天工业学院），还前往挂子山探寻当年在桂林病故的同学的墓地。在与广西师范大学、桂林一中、航天工业学院同志的座谈中，校友们一再感谢桂林人民当年对越南学生的关爱，并表示他们永远都不会忘记桂林，永远都不会忘记桂林人民。

2005年1月，阮文追学校师生很熟悉的原桂林一中学生高锦葵（"高司令"，曾在广东佛山工作，已退休）与广西师范大学教授杜剑宣访问越南。"高司令"来到越南的消息立刻在越南阮文追学校校友间传开了。各地的校友都争着邀请客人前往。高锦葵带着几十年前阮文追学校政委裴克琼写给他的亲笔信和一些旧照片，从河内、顺化、岘港，到胡志明市，每到一处都受到阮文追学校校友的热情包围，校友们在一起有说不完的追忆话语。在胡志明市，校友们和高锦葵等一起拜访了阮文追烈士的妻子潘氏娟，瞻仰了阮文追烈士墓地。返程时，80多岁的阮文追学校政委裴克琼将军在河内抱病会见了高锦葵。老将军与高锦葵紧紧拥抱，一再感谢他和桂林人民当年对阮文追学校的帮助和支持。他动情地说："桂林养育了我们，我们对桂林的热爱与思念永远不会改变。"

2005年6月，原阮文追学校学生杨明到中国出差来到桂林，专门去桂林一中拜访了他所熟识的马绪成老师和他的女儿马小薇等"马家四姐妹"。回忆起

昔日在一中校园彼此亲如一家的情景，杨明希望马家四姐妹能去越南，见见更多的老朋友。

2005年7月，越南胡志明市越中友协秘书长陈抗战等一批曾在桂林学习和工作过的学生和教师组团访问桂林。他们来到广西师范大学，参观了昔日的校舍，会见了曾与他们共同工作生活的原"九二"办公室工作人员。越南校友与中国同志一起共同回忆了当年学校的办学情景，表达了对桂林和桂林人民的思念和感激之情。

2005年10月，阮文追学校校友联谊会在越南河内隆重庆祝学校建校40周年。他们邀请桂林一中派代表团到越南参加活动。代表团中有一中校长刘涛、马家四姐妹、"高司令"高锦葵、部分一中教师，以及广西师范大学的杜剑宣教授，见图2-42。在10月15日庆祝大会之前，马家四姐妹应邀访问胡志明市，受到胡志明市的阮文追学校校友的热烈欢迎。他们陪同马家四姐妹拜访了阮文追烈士的遗孀潘氏娟，并与潘氏娟一起来到胡志明市文甲烈士陵园，瞻仰了阮文追烈士墓。在与潘氏娟座谈时，校友陈建国介绍，当年在桂林时，马家四姐妹的父母亲对越南学生就像对自己的子女一样，马家四姐妹与越南学生之间就

图2-42 2005年10月，桂林一中代表团应邀在河内参加阮文追学校建校40周年活动

像亲兄妹一样。潘氏娟一边听,一边向马家四姐妹微笑点头致意。10月15日,庆祝阮文追学校成立40周年大会在河内国际会议中心举行,1000多人与会,其中大部分是军人。94岁高龄的武元甲大将因身体原因未能出席,但他在家中接见了部分校友代表,并委托其夫人到会看望大家。会上,桂林一中校长刘涛受邀致辞,双方互赠了纪念品。庆祝大会之后还举办了联欢、座谈和参观活动。在越南的10天里,来自桂林的同志一直生活在友谊和欢乐的海洋中。

2007年6月,原桂林"九二"办公室部分人员应邀访问越南,受到了当年在桂林的越南学校师生的热烈欢迎和盛情接待。

2007年10月,桂林市一中举行建校70周年庆典。学校邀请越南阮文追学校校友联谊会参加活动。校友阮之潘大校(越南优秀文学家、《越南退役军人报》总编辑)作为团长率90名校友到桂林参加一中校庆活动,见图2-43。阮之潘团长在庆典上发表了热情洋溢的讲话,他说:"阮文追学校的全体干部、教师、校友不会忘记学校搬迁到桂林后学习和生活的情景。我们知道,从1965年到1970年,中国遇到了许多困难,但对越南,对阮文追学校,桂林人民特别是桂林一中的干部、教职员工和学生向我们提供了无私的帮助。为我们创造一切条件,使我们的师生生活无忧,吃住不愁,让我们能安心学习和工作……虽然当年的许多校舍现在已不复存在,但在这里播下的越中友谊、同志情、战友情、师生情一直都深深地留在我们的记忆中,留在我们的心里和我们的脑海里。"在桂林一中,校友们参观了学校的校史陈列馆,在校园内种下一棵友谊树,并在树苗旁边立上了有中越文的阮文追学校校址标识牌。校友们

图2-43 阮文追学校校友阮之潘大校在桂林一中建校70周年庆典上致辞

还参观了尧山原阮文追学校的校舍（今桂林航天工业学院），在那里种下一棵友谊树，并立上阮文追学校校址的标识牌。

2008年1月30日，阮文追学校校友、越南开发银行行长阮光勇和广南省分行行长潘廷战访问桂林一中。他们对一中领导表示，2007年10月一中校庆时，因公务繁忙，他们无暇参加，一直引以为憾。这次是利用去北京开会之机，返程时专程回母校拜访，以解思念之苦。

2008年7月，原越南南方学校团委书记陈文慈率140人的校友代表团访问桂林，他们参观了广西师范大学原越南南方学校校址，与中方原"九二"办公室工作人员和教师合影留念。在双方人员的见面会上，代表团长发表了热情洋溢的讲话，感谢桂林人民对越南人民慷慨无私的帮助，一再表示将永志不忘越中人民的友好情谊，见图2-44。

2009年9月，阮文追学校杰出校友、越南劳动总联合会主席邓玉松访问桂林一中，会见学校领导，参观校史陈列馆，并在校园种下一棵友谊树。

2010年5月，广西师范大学利用校园内原越南南方儿童学校的一栋校舍建成越南学校纪念馆。建馆过程中，越南校友主动送来许多照片、资料、实物，表达了对该馆建设的关注与支持。5月14日，越南学校纪念馆举行开馆仪式，

图2-44　2008年，原越南南方学校团委书记陈文慈2008年率140人的校友代表团访问广西师范大学并在校园合影

第二章　八桂大地上的越南学校

越南校友派出高规格代表团前来参加活动。阮文追学校校友、时任越南政府副总理阮善仁在致辞中深情地回忆起他和同学们在桂林学习时得到桂林人民的关心与爱护的往事。他表示，越南学生曾在世界上很多国家学习，但只有中国为越南学校建纪念馆。阮善仁饶有兴趣地参观了纪念馆的各个展厅，写下题词，并在校园内种下一棵友谊树，见图2-45和图2-46。

图2-45　阮善仁副总理（左一）参观刚建成的越南学校纪念馆

2010年5月底，由范庭重率领的阮文追学校校友参访团一行20人访问桂林一中，并参观了校史陈列馆。他们看到当年学校的老照片时激动不已。他们会见了当年的一中校长凌汉民先生，一起回忆了学校的往事，表达了对桂林人民的感谢与敬意。

图2-46　阮善仁副总理（左三）在广西师范大学校种下友谊树

2013年，广西社会科学院与广西档案馆合编《中越友谊的历史见证——阮文追学校资料选编》一书，邀请作为协编单位的越南阮文追学校校友联谊会派人前来会审书稿。当年9月，阮文追学校校友会会长裴光荣少将与徐灵少将等数名校友来到南宁，与广西社会科学院专家一起工作，见图2-47。工作结束后，他们到桂林访问广西师范大学和桂林一中。2015年12月，《中越友谊的历史见证——阮文追学校资料选编》正式出版，在南宁举行了该书的首发式和出版座谈会。裴光荣少将、徐灵少将等阮文追学校校友应邀到南宁参加相关活动。活动结束后，他们又赶往桂林，访问广西师范大学、桂林一中和航天工业学院。校友们的桂林情结，实在令人感动。

135

图 2-47 阮文追学校校友裴光荣少将（前排左四）、徐灵少将（前排左二）等在南宁与广西社会科学院、广西档案馆《中越友谊的历史见证——阮文追学校资料选编》编辑组成员合影

阮文追学校第五届校友阮善仁是教授、博士，曾担任越南党和国家的领导人，是该校 1000 多名校友中职级最高的一位。2013 年，广西相关单位编辑《中越友谊的历史见证——阮文追学校资料选编》一书时，阮善仁时任越共中央政治局委员、越南政府副总理，应邀为该书写下一篇序文，落款时间是 2013 年 9 月 2 日。就在同年的 10 月，阮善仁升任越南祖国阵线中央委员会主席，成为越南党和国家的核心领导成员之一。少年时代在桂林学习度过的 20 个月，令阮善仁终生难忘。他在该书序文中的两段话，最集中和最生动地反映了越南校友们那深深的桂林情结：

> 学校在桂林的时间不长，从 1967 年 1 月到 1968 年 8 月。而在越南北方，是遭到美国激烈轰炸打击之时。当时的中国人民生活也不富裕。但是，包括桂林人民在内的中国人民，仍然十分关心我们师生的物质与精神生活，保障学校教好、学好。当越南故乡每天战火纷飞的

时候，我们得以在桂林和平的环境中学习。

  桂林山水美丽。我们在这里虽然只生活了20个月，但对于十四五岁的少年来说，该城市成为"童年的城市"，漓江成为"童年的河流"。我们很多学生游过漓江以测试自己的体力。对于桂林人民的庇护、帮助与提供衣食之情，我们从不忘记。除了在封闭式的校园里学习，我们还去桂林市区玩，因为（学校）每个月都发给学生一些人民币。从学校到桂林市区将近10公里，我们（通常）走路去。去的时候我们走大路，回来的时候经常走田野、菜园、西瓜地。我们谈论桂林，谈论越南和广西农民的相同点。在阮文追学校的5年即60个月的时光中，有三分之一即20个月的时间是在桂林度过的。桂林成为我们学校历史重要的一部分，成为我们1000多名越南人人生的特殊部分，也是越南-中国友谊的活的见证。

第三章
越南抗战中的广西后方医院

Chương III
Bệnh viện hậu phương tại Quảng Tây
trong thời kháng chiến tại Việt Nam

如同越南学校迁至广西办学的情况一样，广西的医院收治越南伤病员也分为两个时期。第一个时期是 20 世纪 50 年代越南抗法战争时期；第二个时期是 20 世纪六七十年代越南抗美战争时期。1950 年，原解放军第三〇三医院（下称三〇三医院）开始部分收治抗法战争中的越南伤病员。1953 年起全面接收医治越南伤病员。截至 1958 年 3 月工作结束，共收治越南抗法战争期间的伤病员 2247 人次。这所医院在 20 世纪六七十年代越南抗美战争期间，也派出过医疗队到越南前线医治伤病员。1966 年，在越南抗美战争中，中国政府在广西桂林建成专门收治越南伤病员的南溪山医院。截至 1975 年工作结束，医院交由广西地方管理使用。其间，共收治越南伤病员 5400 多人。以下分述广西这两所医院在越南抗战中收治越南伤病员的情况。

一、南宁三〇三医院（1951—1958）

（一）医院落户南宁与部分收治越南伤病员

中国人民解放军第三〇三医院于 1945 年 11 月成立于辽宁本溪，是辽东军区部队接管设于本溪的一家日伪矿山职工医院后组建的。1946 年 1 月，该医院被命名为辽东军分区第四后方医院，赵恒春为第一任院长，刘兴为政治协理员。1946 年 4 月，医院转移至丹东，与解放军接管的以安东日本满铁医院为基础组成的安东军分区第八后方医院合并，统一整编成一所新的医院。同年 7 月，上级任命张士彦为院长，陆煌担任第一任政委。安东整编后，医院开始转战东北，参加过塔山阻击战、"四保临江"战斗、梅河口战斗、四平攻坚战等战役，救治了大量伤员。此时，医院改名为第三十二后方医院。1948 年 11 月，医院奉命入关南下。1949 年 6 月到达湖北沙市，投入"宜沙战役"后的伤员救治。然后奉命继续南下，于 1949 年 11 月到达广西贵县，收治参加解放广西战役的第二野战军第四兵团的伤病员。完成任务后，医院从贵县分乘11条大船，于1950年2月初到达南宁市邕江边的凌铁村，驻在原国民党第四陆军医院。1950年3月，医院更名为广西军区医院，隶属广西军区领导，开始接收广西剿匪战役中的伤病员。1951年6月，广西军区医院设病床500张。1951年10月，第49军野战医院并入广西军区医院。1952年6月，更名为第74陆军医院，设病床800张，医院员工533人。1954年5月，改为由总后南宁办事处领导。同年9月，中央军委根据全军统一整编，将第74陆军医院编为解放军第三〇三医院，仍隶属总后南宁办事处。1957年5月，三〇三医院划归广西军区。1999年6月，转隶广州军区，[①] 见图3-1和图3-2。2018年11月，三〇三医院更名为中国人民解放军联勤保障部队第九二三医院。

1950年3月落户南宁后，三〇三医院即参加了广西剿匪战役，收治了大批剿匪战斗中的伤员。同年10月，开始履行无产阶级国际主义义务，担负起抢

图3-1 三〇三医院的前身广西军区医院（1950年）

[①] 参见《战斗的历程 辉煌的业绩——三〇三医院建院50周年》纪念特刊，三〇三医院1995年编印。《丰碑——三〇三医院建院70周年》纪念特刊，三〇三医院2015年编印。本章所叙述三〇三医院的具体内容，除另注明出处之外，均引自该刊。

图 3-2　今天的三〇三医院院区

救医治抗法战争中越南伤病员的任务。

越南于 1945 年 9 月 2 日宣告独立。1946 年 12 月，法国殖民者卷土重来，重新对越南发动侵略战争，越南抗法战争再度爆发。1950 年 7 月，越南发动"边界战役"。10 月，边界战役取得胜利，收复了越北边境大部分地区。在边界战役负伤的越南人民军伤员被送到当时在广西龙州中越边境的水口医院，得到救治。这所医院实际上成为越南人民军的一所后方医院。1950 年 10 月，三〇三医院根据上级的命令，派出一支由 15 名医务人员组成的医疗队，到龙州水口中越边境地区，与水口医院一起救治越南伤病员。此后，三〇三医院开始执行援越抗法的国际主义义务，收治部分抗法战争中的越南伤病员（主要是越共中央领导机关及省市军师级领导干部）。当时，越共中央组织部部长阮德兴、河内市行政委员会主席陈文兴等都曾经在该院治疗。自 1950 年 10 月至 1953 年年底，三〇三医院共收治越南伤病员 370 多名。三〇三医院医务人员在医治越南伤病员的过程中，发扬了无产阶级国际主义精神，以精湛的技术、周到的服务、良好的疗效，受到越南伤病员的赞扬。

（二）全面收治越南伤病员

1953 年以后，越南人民军在中国军事顾问团的帮助下，对侵越法军展开了战略反攻，在 1954 年 5 月取得奠边府战役的辉煌胜利，此后又乘胜前进，不断扩大战果。但与此同时，越南人民军的伤病员也越来越多。因此，1953 年以后，三〇三医院根据上级指示开始转入全面接收医治越南伤病员。接收医治的对象范围进一步扩大到越南人民军团级干部、战斗英雄、模范人物及民主人士等。

鉴于到三〇三医院医治的越南伤病员越来越多，越南方面派出了一个以陈文玄为代表的驻医院联络员小组，成员包括秘书、政治干事、行政管理人员、厨师和翻译。主要的工作是负责越南伤病员的行政和生活管理，以及与医院的沟通协调。

为了做好接收医治越南伤病员的工作，三〇三医院在许多方面采取了切实的措施。一方面是在医疗力量上，中央军委和总后勤部对三〇三医院执行国际主义义务收治越南伤病员的工作非常重视，先后从各个军医大学抽调了20多名医务技术骨干充实三〇三医院。另一方面，医院调拨了一批新的比较先进的医疗仪器和设备，从而为更好地执行治疗越南伤病员的任务奠定了技术基础，见图3-3。

同时，三〇三医院十分重视对医务人员的政治教育和医院的业务建设。医院党委明确提出，收治越南伤病员是执行无产阶级国际主义义务的具体体现，医院的一切工作必须围绕完成这项任务而展开。医院在医务人员中开展了立功创模活动，要求医务人员在竞赛活动中进一步树立全心全意为人民服务的思想。医院进一步引进先进的医院管理制度。从1953年10月开始，医院学习苏联先进的医院管理经验，推广巴甫洛夫学说，实行保护性医疗制，对病人不讲带刺激、不利病情康复的话。在病房管理上强调一个"静"字，保持清静宜人，营造有利于伤病员休养的环境。医院还要求医务人员学习白求恩一丝不苟的认真负责的精神。护理工作是医治越南伤病员工作中重要的一环。

图3-3　1953年，护士柳树芳（左）在三〇三医院为收治越南伤病员新建的内科病房前

医院十分重视护理人员的学习训练和技术提高。1953年医院成立了业务学习委员会，有计划地加强护理技术的学习和提高。1955年医院开展了无痛注射、头皮静脉注射、针灸疗法等技术的学习和推广活动，许多护士很快掌握了这些技术，见图3-4。医院还开展护士"一专多能"的学习训练，许多护士在提高护理专业技术的基础上，还掌握了三大常规化验，从而为高质量完成收治越南伤病员任务做好了制度和人才的准备。

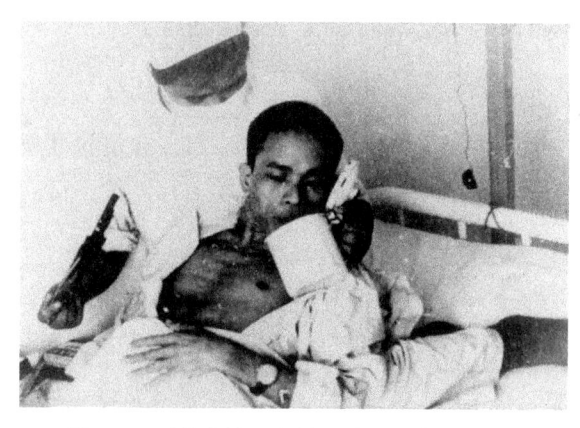

图3-4 医护人员正在精心护理越南伤病员

为了改善医院环境，三〇三医院在上级的支持下筹集款项，加强院区建设。医院新建了专门收治越南伤病员的内科大楼、礼堂和军人俱乐部；完善了病房和辅助医疗科室的设施；在院内建凉亭、花园；在病房增设了书柜、圆桌、台布、小花盆，优化了伤病员的治疗休养环境。

为了提高生活服务水平，三〇三医院在安排伤病员的日常生活方面下了很多功夫。医院成立了以院领导为主任、有越方人员参加的营养委员会，专门负责伤病员的伙食管理；通过培训，提高炊事员的烹调技术；建立膳食预约登记制度，派人到病房询问调查，然后根据伤病员的需要安排饭菜，送到病房。为了给伤病员提供营养丰富的饭菜，医院建立了病员营养部。1955年从内蒙古引进6头奶牛，满足了伤病员的鲜奶供应；安排夜班饭，为值夜班的医护人员解决夜餐问题。1956年以后，医院又成立了生产办公室，组织大搞农副业生产。在南宁市青山建立了农场，种粮、种菜、养猪、加工豆制品；还在院内空地开挖出一口13亩的鱼塘。通过这些努力，实现了肉菜半自给，改善了伤病员和职工的生活。在改善伙食的同时，医院每个月还给伤病员发10—30元的津贴；伤病员治愈离院时，给每人赠送一套服装。此外，为了改进服务，医院还将伤病员所需日用品直接送到病房。水电工、木工也实行下病房巡查制度，发现问题，及时解决。

三〇三医院还尽可能丰富伤病员的文化生活。医院建立一套广播系统，在每个病房的床头配置耳机，供伤病员收听广播；购置手风琴、小提琴，给有需要的伤病员使用；医院俱乐部每周都定时向伤病员开放，并不时举办舞会、文艺晚会等文化娱乐活动，从而使越南伤病员能够以愉快的身心进行康复治疗。

1953年，三〇三医院全面收治越南伤病员后的头几年，医治任务很重，需要抢救的危重病人很多。平均每年危重病人的抢救达一百人次以上。医务人员遵照毛主席关于"救死扶伤"和"发扬国际主义精神"的教导，以白求恩为榜样，做好抢救越南伤病员的工作。无论白天夜晚，无论上班下班，只要有危重病人到来，医院就及时召集有关人员会诊，提出抢救方案，精心实施。广大医务人员以精湛的医疗技术、忘我的献身精神、认真的工作态度进行抢救工作，涌现出许多感人的事迹，赢得了越南伤病员的好评。20世纪50年代初，医院还没有建立血库，为了及时给有需要的越南伤病员输血，三〇三医院的每一位医务人员和职工都事先验好了血型，随时做好献血的准备，一旦有需要，立即卷起袖筒输血。那时，输血设备也只是针筒。就在那样的条件下，许多医院工作人员的鲜血，不断流进越南伤病员的血管中，见图3-5。有位越南危重病人叫阮文愿，接受过多次输血抢救。由于抢救及时，护理细心，他的病情不断好转。他充满感激地对三〇三医院的医生说："我的血管里流着中国同志的血，是中国同志的献身精神和精心呵护，把我从死亡线上拉了回来。"有位越南病人患有脑肿瘤，上下肢麻痹，大小便失禁，疼痛得日夜呻吟。医护人员对他进行仔细耐心的护理，一口口地喂东西，一遍遍为他翻身，一次次替他擦洗身体，使该病人的病情得到缓解，精神得到安慰。这位患者激动地称医务人员为救命恩人。

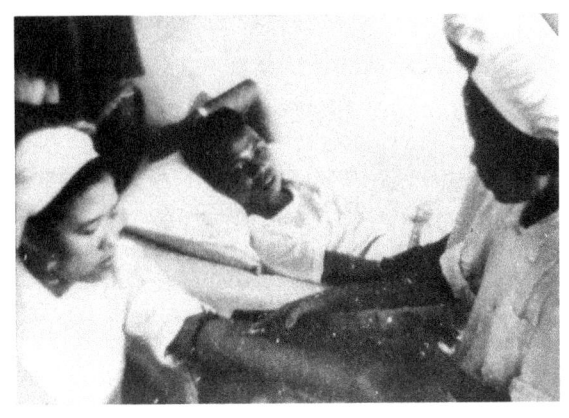

图3-5 医护人员为越南一级战斗英雄阮光荣献血

三〇三医院在医治越南伤病员的过程中，不仅重视对病人的身体救治，也重视病人的精神医治。阮氏珍是一位越南女战斗英雄，在战斗中颅脑受炮火严重震荡，又在敌军逼迫下在水中浸泡了一个星期。她被送到医院时，只能坐轮椅，情绪变化不定，不爱说话。医院专门为她安排了单人病房，让她在绝对安静的环境下静养，由护士柳树芳照料。经过半年的治疗，她的病情有所好转。柳树芳更是细心地照顾她，陪她散步、去公园、上河堤欣赏邕江景色，领她观看文艺演出。久而久之，神情麻木、不爱说话的她，在一次柳树芳为她喂药时，突然拉着柳树芳的手，露出了笑容，并用不熟练的中国话说了声"谢谢你！"。三〇三医院越南伤病员中不少是20岁左右的年轻人，他们远离家乡和亲人，来到一个陌生的地方治病，内心会觉得孤独，闷闷不乐。根据这些情况，医院安排每周举办一次文艺晚会，每月组织郊游一次，军人俱乐部每周开放3次，让伤病员通过参加各种文化娱乐活动，愉悦身心，见图3-6。平时，护理人员注意多与伤病员交流，聊天、说笑话、讲故事、读报，以转移他们的注意力，缓解他们的压力。护士柳树芳就因常常给越南伤病员读报，

图3-6 医护人员陪同住院治疗的越南伤病员在南宁人民公园游览

而得到了"新闻大使"的绰号。1954年5月7日，越南抗法奠边府大捷的消息，就是由柳树芳在第一时间通过读报向越南伤病员传递的。听到这个好消息，病房里顿时沸腾了，读报活动变成了庆祝胜利的集会。

自1951年10月开始收治越南伤病员，到1958年3月住院越南伤病员全部回国结束，前后历时8年，三〇三医院共收治越南伤病员2247人次，圆满完成了党和国家交给的光荣任务。

（三）胡志明主席与三〇三医院

胡志明主席对三〇三医院的工作非常关心。

1950年越南边界战役期间，三〇三医院曾派出15人的医疗队协助水口医院执行收治越南伤病员的工作。边界战役期间，陈赓同志的指挥所曾一度设在龙州县中越边境的布局圩。胡志明主席不时从越南一侧到布局圩看望陈赓，共同商讨作战方案。10月中旬，边界战役取得胜利后，胡志明主席又一次到布局圩会见陈赓。10月19日这一天是重阳节，胡志明与陈赓一起到水口圩看望在水口医院接受治疗的越南人民军伤病员，以及中国医生和工作人员，其中包括三〇三医院派出的医疗队员。①

1957年12月，胡志明主席出国访问返回途中，在南宁稍作停留。其间，他提出去南宁育才学校和三〇三医院。12月24日上午，胡志明主席视察了南宁育才学校。25日上午，胡志明主席视察三〇三医院。

12月25日早上8点半，胡志明主席在省委和广西军区领导的陪同下来到了三〇三医院。医院领导和医护人员代表已在礼堂迎候。景嘉魁院长致欢迎词后，与医院政委和越南驻院代表陈文玄一起陪同胡主席到病房看望越南伤病员。胡主席和大家亲切握手问候，叮嘱大家要好好养伤，要听医生护士的话，积极配合治疗。胡主席又嘱咐越方驻院代表，要主动向医院反映情况，搞好与中国同志的团结，加强与中国同志的联络。

从越南病区出来，胡志明主席提出要去看看住院的中国同志。当时住院的解放军官兵约有400人，为了使胡主席不致太劳累，医院领导事先组织行动比较方便的伤病员集中在草坪上，等待胡主席的接见。胡主席用中国话向大家问好，接着他说："大家辛苦了，你们在医院养伤，又等于取得了一场战胜伤病的胜利，值得祝贺。"胡主席还说："等大家把病都养好了，要复员的，就上山下乡进工厂，为建设国家作贡献；不复员的，回到部队，为保卫祖国继续做贡献。"大家热烈鼓掌。

---

① 广西档案馆、广西社科院编著（黄铮执行主编）《胡志明与广西》，广西人民出版社，2005，第151页。

接着，胡志明主席来到三〇三医院接待室，与医院领导班子和驻院越南联络小组同志见面。院长、政委分别汇报了医院的情况，胡主席说了许多鼓励的话。座谈中，胡主席还指着坐在一起的医院秘书和驻院越方翻译说："大家看，他们两人，一样的年轻，一样的穿着解放军军装，一样是上尉，长得也相像，就像一对亲兄弟。这正象征着我们越中两国人民是亲兄弟。"接待室里响起了热烈的掌声。到上午 11 点，胡主席才离开三〇三医院。①

1958 年 3 月，三〇三医院收治越南伤病员的工作全部结束，在南宁的越南中央学舍区（南宁育才学校）也于 1958 年 6 月全部迁回越南。1958 年 8 月 19 日，经胡志明主席批准，越南卫生部和教育部邀请南宁三〇三医院和南宁育才学校共 12 位同志组成代表团到越南参观访问。代表团由三〇三医院院长景嘉魁任团长，团员中有三〇三医院的袁业鑑、徐辅弼、农跃园、欧月华、杨丽云 5 人，另外 6 人则是南宁育才学校的教师。越南方面对这个代表团非常重视，专门成立了由越南中组部、卫生部、教育部人员组成的接待委员会，并派人陪同代表团在河内、海防、鸿基、下龙湾等地参观访问。代表团所到之处，都受到越南人民的热烈欢迎。其间，代表团分成两个小组，分别与在三〇三医院治疗过的越南同志和原育才学校师生座谈。代表团从鸿基返回河内当晚，越南河内市行政委员会主席陈维兴设宴招待代表团。席间，陈维兴主席谈到，1952 年他曾在南宁三〇三医院住院，得到中国医务人员的精心医治和护理，他永远都记在心上。

1958 年 9 月 4 日，是三〇三医院和育才学校代表团全体同志终生难忘的日子。这一天，胡志明主席在河内主席府亲切接见了大家。胡主席穿一套普通的灰布衣服，银须飘动，笑容满面，跟大家握手问候。胡主席很亲切、很随和地和大家交谈。他说，在过去搞革命的时候，他曾在广西住过很长一段时间，吃过广西的米粉，很好吃。谈话中，胡主席讲到了三〇三医院和育才学校在援助越南方面取得的突出成绩，见图 3-7 和图 3-8。在谈到三〇三医院的时候，他

---

① 三〇三医院原院长景嘉魁回忆手稿：《胡志明主席访问解放军三〇三医院》，2005 年 5 月 10 日。

高度赞扬了医院全体医务人员全心全意医治越南伤病员的国际主义精神。他说："你们是越南人民真正的朋友。你们使一批又一批越南伤病员恢复了健康,重新回到了抗法战场。越南人民抗法战争的胜利,有你们的一份功劳。"会见结束后,胡主席还与代表团的全体同志合影留念。胡主席叮嘱工作人员,照片要多洗一些,让广西同志带回去分发给更多的人。道别的时候,胡主席从桌上拿起糖果盘,将糖果分给代表团的女同志,胡主席说："请将糖果带回去给你们的孩子,就说是胡伯伯给的。"①

图 3-7　胡志明主席在河内接见三〇三医院和育才学校代表团

图 3-8　胡志明主席与三〇三医院和育才学校代表团同志座谈

9 月 5 日,三〇三医院和育才学校代表团结束了在越南历时 18 天的访问,带着胡志明主席和越南人民的深情厚谊回到广西。

（四）在援越抗美中继续作贡献

20 世纪六七十年代,美帝国主义对越南的侵略战争不断升级,中国人民义

---

① 广西档案馆、广西社科院编著（黄铮执行主编）《胡志明与广西》,广西人民出版社,2005,第 161—162 页。

不容辞地支持越南人民的抗美救国斗争。三〇三医院一如既往，以自己的医疗技术继续为越南的抗战作出贡献。

1964年以后，中国政府派出援越部队赴越南执行国际主义义务。1965年9月，三〇三医院组成以黎光为队长的10人医疗队，到广西宁明县中越边境一线为出国援越的中国工程兵治病，见图3-9。由于环境恶劣，一些医疗队员水土不服，染上了皮肤病等疾病。医疗队队长黎光旧病复发，痛苦不堪。但他仍坚持在各驻兵点巡查，为伤病员诊治、发药、做手术。援越部队一名战士患中等性痢疾，一直高烧，昏迷不醒。部队卫生所向医疗队求助。医疗队组成抢救组，经过七天七夜的抢救，终于救活了这名战士，受到了部队领导和官兵的赞扬。

图3-9 三〇三医院医疗队赴越南途中在友谊关关楼前宣誓

1966年6月、1967年12月和1969年6月，三〇三医院又先后派出3批共40多人的医疗队，走出国门，赴越南北太省和太原市执行任务。三批医疗队由医院副院长和科主任分别带队，抽调医护人员骨干组成。在越南工作的时间共达15个月。在越南期间，三〇三医院医疗队员发扬了无产阶级国际主义精神，不怕苦，不怕累，为越南人民服务。越南山区丛林茂密，高温湿热，蚂蟥、蚊虫很多；人们爱吃槟榔，牙病、皮肤病、胃病、肝病较多。得知中国的医疗队来了，许多人赶来看病，故医疗队驻地病人络绎不绝。医疗队加班加点，随到随诊，认真细致地为每一个患者治病发药。第二批医疗队驻北太省永福县的时候，有一次送来一个阮姓的小病人，他患的是支气管肺炎，病情比较危重，一直发着高烧。医疗队对小孩进行了精心医治和护理，使之转危为安。医疗队还将小孩的衣服洗好、缝补好。几天后，康复的小孩换上干净的衣服，活蹦乱跳的。小孩母亲格外高兴，脱下小孩腕上的银手镯，要送给医护人员留念，被婉言谢绝。1967年12月31日，一位越南产妇被抬到三〇三医院医疗队驻地。当时，医疗队中并没有产科医生，医生陈志辉也只在产科实习过两周。而那位产妇情绪紧张，乱滚乱动，大喊大叫，使接产非常困难。陈志辉医生耐心地为她接产。8小时过去了，产妇的血压不断升高，胎心音加快，胎儿已经接近窒息。医疗队让翻译和产妇沟通，教她配合医生。在大家的共同努力下，胎儿终于平安生下来了。

三〇三医院接连派出的3批医疗队在越南工作了15个月，共救治伤病员2700多人次，为360名伤病员做过手术治疗。医疗队完成任务回国时，越南政府有关部门对医疗队的工作给以高度评价，并给每位医疗队员发了一枚"八五"纪念章，见图3-10。

1970年5月20日，毛泽东主席发表了关于支援印度支那各国人民反对美帝国主义斗争的严正声明，在国际上产生了巨大的影响。1971年，三〇三医院根据上级的指示，执行支援印度支那各国人民斗争的任务，负责收治印支三国的部分伤病员，主要是中高级领导干部。医院党委对此项任务非常重视，指定一名副院长专门负责此项工作，成立了专

图3-10　三〇三医院医疗队获颁的越南奖章和纪念章

门的外宾科，充实了技术力量。自治区外事办也派出3名精通所在国语言的翻译留在医院协助工作。自1971年12月起，先后有126名印支三国的伤病员到三〇三医院住院治疗。这些领导干部年龄偏大，所患疾病多为肺结核、肠胃炎、神经衰弱、慢性支气管炎、肺吸虫、肝病等。为了做好对他们的医治工作，三〇三医院采取了以下几个方面的措施。

第一,针对每一个人的病情,制定切实可行的治疗方案。除了调动安排本院医疗力量和设施,医院还通过自治区外事办从外单位请个别医护骨干作为顾问,以便确保医疗质量。

第二,做好医院现有病房的调配安排工作,保证让这批印支三国伤病员每人都住上舒适的单间,给他们提供比较优越的治疗环境。

第三,搞好伙食。成立医院外宾科食堂,指派营养科医生专门做好伙食调节,并从南宁市西园饭店请来高级厨师,为伤病员做可口的饭菜。

印支三国伤病员在三〇三医院受到精心的治疗和护理,身体恢复很快。医院又常常组织一些身体较好的患者到南宁市的公园等风景区游玩。有部分病员还由医院领导陪同到毛泽东主席的家乡韶山参观,见图3-11。到1973年8月,经过22个月的治疗,126名伤病员全部治愈出院。三〇三医院再次圆满完成了上级下达的任务,为支援印支三国人民的抗战,为增进中国与三国人民的友谊作出了贡献。

图3-11 医院领导陪同住院治疗的印支三国领导干部到韶山毛泽东主席旧居参观

二、桂林南溪山医院（1969—1975）

（一）南溪山医院的建设

南溪山医院的建设，与"海上胡志明小道"建设与开通的背景相同。20世纪60年代中期，美国对越南的侵略战争不断升级。中国人民支援越南抗战亦一如既往。1965年5月，中共中央成立援越领导小组，对各项援越计划进行统筹安排。在越南抗美战争中，伤员的人数不断增多，加上原有的重症及慢性病患者在战争环境下得不到治疗。因此，中国还向越南提供医疗救助。先是经双方商谈，中国同意在1965—1967年向越南提供10个野战医院的医疗器械，21个步兵团和97个营的手术器械，并在中越边境开放部分中国人民解放军的野战医院接收医治越南伤病员。1966年11月23日，中越两国在北京签订了《关于中国给予越南成套设备和技术援助的议定书》。该议定书附件第25项提到，由中国在南方地区建设一座医院供越南干部治疗慢性病和疗养。计划1967年底建成，1968年1月开始接受病人。中国国务院副总理陈毅代表中方在议定书上签字，外经委主任方毅参加了会谈[①]。

1967年2月10—16日，中国卫生部和越南医济部的代表在北京再次举行会谈，双方签署了《关于中国接受越南病人的会谈纪要》。会谈中，越方提出将医院的建设地点选在南宁。中方请示了中央，周恩来总理认为南宁离越南太近，不太安全。桂林较安全，自然环境又好，建议将医院建在桂林。会商结果，医院地点初步定在桂林市禄坊村，建设经费从中国政府援越项目经费中支付，医院建成后主要医治慢性病及需做手术的病人。随后，广西壮族自治区革命委员会筹备小组批准成立了"广西壮族自治区越南医院筹备处"，并从相关单位抽调人员，正式开始了医院的筹建工作。同年5月，医院筹备处经过实地勘测，将建院的具体地点定在桂林市八一公园（今南溪山公园）范围内，桂林南溪山与斗鸡山之间的位置。越方医济部的代表也认为，这样可利用两座山的山洞修

---

① 广西壮族自治区南溪山医院编《回望——南溪山医院那段特殊岁月》，2013年8月，第22—25页。本章所叙述南溪山医院的具体内容，均引自该书。

建防空洞，更有利于安全。7月，广西综合设计院初步完成了医院平面图设计，经上报卫生部审批基本同意。8月，桂林市市建一公司开始了病房大楼和职工生活设施的土地平整。由于南溪山医院是国家援越项目，经费又有保障，各方面支持配合，医院建设工程进展很快。1967年12月，已完成了9栋职工住宅楼和部分医院设施的建设，见图3-12。至1968年下半年，医院的病房大楼、大礼堂及其他建筑的基建量已完成百分之八十以上。医院筹备处向上级请示确定医院名称，提出了3个院名备选：（1）中越友谊医院；（2）桂林南溪山医院；（3）广西桂林南溪山医院。1968年10月23日，广西壮族自治区将医院正式定名为"桂林南溪山医院"。

图3-12　建院初期的南溪山医院主楼

医院筹备处在1967年5月已制定出《越南医院工作人员编制计划草案》，8月，从广西各地抽调的一批干部集中到桂林，并向自治区劳动局请调工人150多名。10月，筹备处通过卫生部向国务院总理办公室申请，为越南医院配备卫生技术人员。1968年2月，获国务院批准。1968年下半年起，陆续有北京等地的医务人员前来报到。周恩来总理对南溪山医院主要领导的配备非常关心。他亲自点将，由林钧才出任南溪山医院院长。林钧才是我国著名的医院管理专家，曾任北京协和医院院长，20世纪50年代初曾在中国援越军事顾问团任卫生顾问，是韦国清担任军事顾问团团长时的同事。1969年2月13日，林钧才带着周总理的嘱托，到桂林上任。

其时，从越南方面传来消息，越方派驻医院的工作组将于1969年3月初入驻医院。第一批选送到南溪山医院接受治疗的越南伤病员也已集中河内，焦急地等待着入院。林钧才院长上任后即在首次院务会议上提出：鼓足干劲，奋战一个半月开院！

林钧才上任前几天，1969年2月5日，中越两国政府代表在北京进行会谈，形成了《中华人民共和国卫生部代表和越南民主共和国医济部代表关于桂林南溪山医院问题的会谈纪要》，就南溪山医院的管理、经费、收治病人范围等达成一致的意见。

经商定，南溪山医院由中方负责管理，越方派出20多人的工作组驻院协助中方工作。由中越双方各派若干人组成联合领导小组，定期商议院内重要事务。根据这样的原则，除越方工作组的领导、秘书、政工、翻译人员外，医院其余行政管理、医疗技术人员和后勤人员，均由中方配备。

经商定，南溪山医院开院后的一切费用，包括越南伤病员和工作人员的伙食费、服装费、差旅费、办公费、医药费、邮电费、修缮费、水电费、零用钱等，从中越两国政府1966年8月29日签订的《关于中国给予越南经济技术援助的协定》的款项中支付。相关生活标准及各项费用开支标准，由越方自定；中方工作人员的工资、福利费、医疗费等，由中方自己负责。

经商定，南溪山医院设病床600张，所收治病人为越南中级以上干部。

在林钧才到任之前，医院的基础设施建设已经基本完成。越南医济部工作组曾对医院的建设情况表示肯定，评价南溪山医院"布局科学，安排合理"，是一所"设备齐全、规模较大、设计周到、工程质量很好的现代化医院"。工作组对医院某些设施的布局和安排也提出了一些意见。根据这些意见，医院在基建项目中增加了公用洗澡间、危险品仓库、中药房、篮球及羽毛球场、防空洞大门等，从而使医院设施更加完善。人员方面，1968年下半年至1969年年初，从北京、天津、上海、广州等地医院抽调的医务人员陆续抵达。从广州军区和广西各地抽调的行政后勤管理人员及医生护士也相继前来。来自全国各地上百家单位的500多名干部职工，共同构成了南溪山医院的基本队伍。

在林钧才院长的领导下，南溪山医院全体职工拧成一股绳，抓紧清理室内外环境、安装调试设备、准备药品器械、摆设病床家具、植树种花美化环境。仅用了一个多月，南溪山医院开院的一切准备工作就做好了。1969年3月下旬，医院派出医务人员到凭祥市友谊关迎接越南伤病员。

1969年3月26日,这是中越友好关系史上值得纪念的日子。第一批越南伤病员47人进入新建成的南溪山医院接受治疗。医院正式宣布开院。

(二)执行繁重的医治任务

南溪山医院自开院之日起就承担着繁重的医治越南伤病员的任务。

医院收治第一批越南伤病员后的一段时间,基本上每月都有一批病人入院。1970年,病人到院频率增加,常常是一批病人入院不到一个月,下一批病人又来了,每批病人都有几十人。1973年以后,有时一个月内会有两批病人入院,人数多时每批达到上百人,最多的一批为174人。全院600个病床常常基本住满。病人住院的时间,一般规定为3个月到半年,平均为4—5个月,也有个别长达一年的。医务人员任务之繁重可想而知。

越南伤病员有的是战争造成的创伤,有的是慢性病长期得不得医治导致病情加重;病人年龄大的有80多岁,年轻的二三十岁;所患疾病多种多样,寄生虫病、疟疾、肝炎、心脏病、风湿性关节炎、白血病、恶性肿瘤、骨折、瘫痪、战时神经功能综合征等不一而足,病情也较为复杂。医务人员首先对入院病人进行确诊。越南病人转入时,一般都带有原来的诊治记录,随行的越南医生也会简单交代病人情况。基于越南处于战争之中,医疗条件较差,原有的诊断可能会有不确切之处。为了对病人的健康负责,南溪山医院依靠本院较为先进的医疗设备和医务人员较高的专业水平,对入院病人重新逐一进行会诊,得出确切的诊断,记录在案,据此进行治疗。医院对所接收的每个批次的病人都制有名册,记录病人所在科、姓名、性别、年龄、婚姻状况、职业、籍贯、越方诊断、南溪山医院诊断等。细查这些名册可知,南溪山医院的诊断结论较病人此前在越南的诊断结论更为具体和确切。认真、仔细和确切的诊断为医院对病人的有效治疗打下了良好的基础,见图3-13。

南溪山医院是一所新建医院,全体医务人员决心以出色的成绩为医院开启一个良好的局面,让开头几批入院病人从中看到希望,树立信心,安心在这里把病治好。经过全体医务人员的积极努力,他们做到了。仅1969年,医院就成功治疗了好几个危重病人。5月24日，医院为胆石症危急病人黄静成功地进行了手术抢救。至5月底，医院成功抢救了危重病人4次，在住院病人中引起了一定的震动。接着，在6月和9月，又成功救治了3位特别危重的越南病人。

图 3-13　医务人员在认真讨论病例

住院病人吴成心是"越南之声"广播电台的资深编辑，62岁，长期患高血压和动脉硬化症，在越南河内越苏医院治疗过，但效果不理想。到南溪山医院后，医生对他作进一步检查，发现他得的病有好几种：高血压、冠状动脉硬化性心脏病、脑动脉硬化、肾脏动脉硬化和肾功能减退等。1969年6月12日，他突发心绞痛，并出现脑血管意外、癫痫、昏迷等症状，3次停止呼吸，情况十分危急。医院领导亲临现场，调动有经验的医护人员集体会诊，用多种手段迅速投入抢救。当天傍晚，病人终于苏醒过来，到夜间可以说话了。3天后，病人已恢复如常。这个危重病人的成功救治，在医院引起很大的轰动。

9月29日，越南病人胡国太因病情过重，出现肝昏迷。医务人员对他进行抢救，使病情有所好转。但到10月12日，病人又出现消化道大出血，出血量达1000毫升以上，其后又再次大出血。医院组织有经验的医生为他进行胃底静脉结扎手术止血，获得成功，见图3-14。在一旁的越方驻院工作组组长武仲昌当即高喊"毛主席万岁！"。这个成功的案例在医院迅速传开，

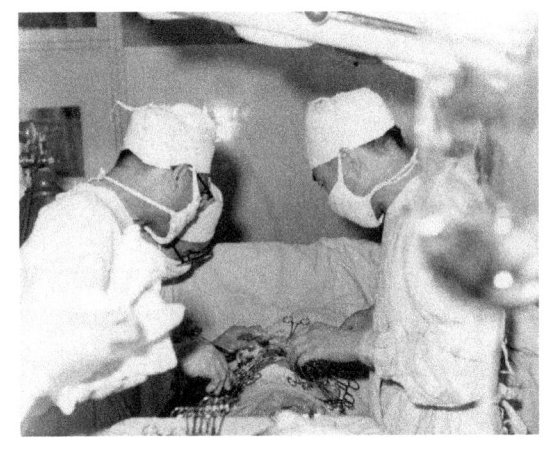

图 3-14　医生为越南伤病员做手术

对稳定越南病人的情绪、树立治好疾病的信心起到很好的作用。同时，这也鼓舞和激励了南溪山医院的医务人员。自开院至1970年6月底的一年零三个月里，南溪山医院共做手术279次，其中大手术56次，中手术82次，手术都很成功。这段时间，先后有12批共300多名越南伤病员治愈出院。南溪山医院取得了良好开局。

南溪山医院的医护人员把做好越南伤病员的治疗工作当作落实毛泽东主席关于"七亿中国人民是越南人民的坚强后盾，辽阔的中国领土是越南人民的可靠后方"的指示的具体行动，视越南病人如自己的兄弟姐妹，努力把医治和护理工作做到最好。对重点病人，医院坚持会诊制度。需做手术的，召集医生集体研究病情，共同讨论手术方案。必要时向北京、上海、天津、广州等地大医院有经验的医生请求会诊，以形成最周全的手术和治疗方案。为了提高医疗救治水平，医院开展科研攻关，成立了由院统一领导、各科业务骨干参加的科研小组，研究对疟疾、肝炎、神经衰弱、胃肠功能紊乱、晚期战伤的医治，每周保证有5个小时的业务学习时间。一些医务人员为了掌握新药的剂量及效果，在自己身上进行大剂量试验，有时服药后出现头昏眼花、恶心呕吐，也不管不顾。护士们为了给病人打好针，常常在自己的身上进行试针练习，寻找针感，见图3-15。对瘫痪病人和重病人，护理人员不嫌苦、累、脏，为病人翻身，清理大小便，擦洗身体，搀扶病人练习走路，推轮椅带病人外出散步，为病人喂饭，整天忙个不停。当病人需要输血的时候，医院的医生、护士、行政管理人员、后勤人员、驻院解放军代表，每一个人都做好了随时献血的准备。1972年，住院病人陈友简患有肝硬化、门脉高压症、食道静脉曲张，导致大出血不止。病人是AB型血型，血源困难。医院组织本院干部职工及驻军、工厂数百人献血12520

图 3-15 医务人员在自己身上试针

毫升，使病人渡过了险关，转危为安。据统计，医院自开院到1970年5月，全院干部职工向伤病员献血输血7万毫升。到1973年8月，全院干部职工向病人献血输血达51万毫升。到1975年8月，向越南伤病员献血输血达77.2万毫升，见图3-16。

南溪山医院医务人员以病人利益高于一切的奉献精神、过硬的医疗护理技术、认真负责的工作态度，使医院工作开展得心应手。一批又一批越南伤病员入院，一批又一批治愈出院。许多重症病人在南溪山医院经过治疗，奇迹般地恢复了健康。

图3-16 医务人员踊跃献血

1969年收治的越南病人黎林冲患有风湿性关节炎和较严重的风湿性心脏病、心脏瓣膜损伤，并有内痔出血，曾在河内医院治疗半年多，未见好转。进入南溪山医院后，经过医务人员两个多月的精心治疗，症状消失。医院又为他做内痔手术，效果也很好。出院前集体游览桂林伏波山时，他已能登上山顶。

1970年，南溪山医院成功地从一位病人眼球后分别取出子弹头和指头大的肿瘤；抢救心跳停止12分钟的病人，使其获得第二次生命；治好了曾在国外经专家多次手术都未能治好的动静脉瘘病人高八得。高八得出院时激动地说："若不是来中国，我就活不成了。"越南病人依伢患有慢性脓胸、支气管胸膜瘘、支气管扩张等疾病，每天咳痰半口盅，还几次吐血。他曾在越南越苏医院、越德医院等大医院诊治，都没有效果。到南溪山医院后，医务人员为他成功地做了手术，四天后就能下床活动，第五天可以去礼堂看电影。他对治疗结果非常满意。越南南方多乐省省委副书记阮玉章是个危重病人，在南溪山医院被诊断为亚急性粟粒性结核，生命垂危。经医生坚持认真治疗，在医院内九病区住了一年八个月后，他终于从死亡线上被拉了回来。在1973年1月治愈出院病人座谈会上，越南出院病员团团长郑文祝谈到阮玉章的例子，赞颂了中越人民的传统友谊，感谢南溪山医院为越南病人做的一切。

在 1972 年住院的病人中，疑难重症病人有 66 名。医院组织力量通过三级检诊、会诊讨论，采用中西医结合的治疗方法，在当年年底使 59 位疑难重症病人恢复了健康。内十一病区病人范文丑患晚期肝硬化，反复昏迷 10 次，经使用中西医结合方法治疗后，多次脱险。外二科病人丁文令需做贲门肌层切开术，南溪山医院大胆革新手术方式，从腹腔入路获得成功，极大地保证了病人术后身体功能的恢复。老年病人李黄龙患有晚期肝硬化腹水，医务人员一连几个月对他进行细心的救治，使其病情得以好转和稳定。老人激动地高呼"中国共产党万岁！"。另一 88 岁高龄的女病人潘氏昕，患有高血压、心脏病、骨关节疼痛病，情绪低落。经过医护人员细心的治疗和护理，她的胸闷消除了，心律不齐的现象明显好转，骨关节也不疼痛了。病人情绪变好，体重也增加了，出院时与医护人员紧紧拥抱，连声说感激。

根据病人多为慢性病的特点，南溪山医院摸索采用中西医结合的方法进行治疗。当时，中国医药卫生界也正在发掘祖国民族医学遗产，推广使用"新针疗法"和中草药治病。南溪山医院结合临床进行实践，1970 年医院运用新医（中草药离子导入）、新针（电梅花针，共鸣火花与针灸结合），使瘫痪两年的病人杜氏莲能够站起来走路，见图 3-17。其后，又总结推广用绣花针（虎刺）、糖浆、垂盆草制剂治疗肝炎，用黄皮果叶治疗疟疾，均收到较好效果。医院进而组织医生开展针对越南伤病员常见病的科研活动，总结出了结肠功能紊乱、晚期关节战伤伸直位强直、肝炎、老年病等疾病的中西结合疗法。肝炎病人阮氏春梅病愈出院时说："我刚进医院时对自己的肝病能否治好没有信心，可是中国同志硬是用中草药把我的病治好了。"

采用中西医结合的方法取得理想的治疗效果的实例越来越多。越南女病人团清芹左下肢瘫痪 3 年多，

图 3-17 经过治疗，瘫痪病人成功站起来了

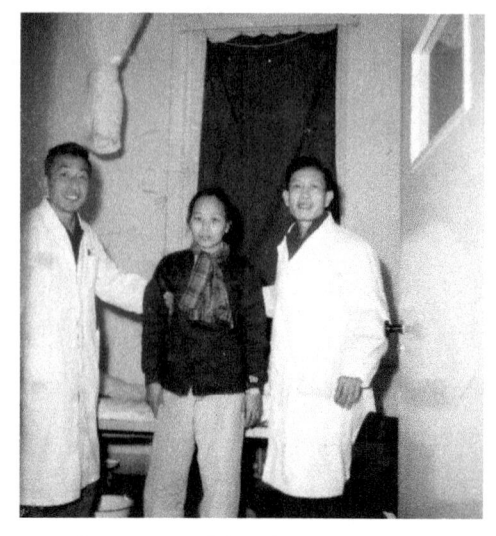

在越南时辗转 11 家医院治疗，都没有效果。在南溪山医院，经过中西医结合和新针疗法等综合治疗，病人左腿很快恢复了功能，可以练习走路了。内三病区病人阮玉炳，患慢性粒细胞性白血病多年，进院检查时白细胞 12 万多，幼稚细胞占百分之二十五以上，身体虚弱。医院采用中西医结合进行治疗后，白细胞很快恢复到正常值。病人停药后病情稳定、精神好、体重增加，出院时很是高兴。越南伤病员们很喜欢医院用中西医结合进行治疗。他们说："西药有西药的好处，但毒性太强，我们长久吃都吃怕了。中国是东医（越南称中医为'东医'）的故乡。实行中西医结合治疗效果好，我们喜欢。"

基于住院病人使用中西医结合进行治疗越来越普遍，对中草药的需求越来越大。南溪山医院于 1970 年办了一个小药厂。当年发动医务人员和干部职工采集中草药 2700 多斤，制成中药丸剂 3000 多粒，各种糖浆 10 万毫升，同时生产部分西药针剂，见图 3-18。1971 年，医院采集中草药 3000 多斤，小药厂生产各种剂型的中西药 100 多种。1973 年，医院小药厂继续生产各种中草药制剂 105 种，产值 21000 多元，还在小农场种下中药材榄荷莲 10000 多株。在医院制作和使用各种中草药品的过程中，医务人员经常先在自己身上进行服用药品和掌握剂量的试验，表现出了对病人高度负责的精神。

图 3-18　医务人员正在加工中草药

（三）让住院病人生活得更好

到南溪山医院住院治疗的越南伤病员大多来自抗战前线和基层，在长期战争的艰苦环境下，他们缺乏营养、身体虚弱、伤痛缠身、精神疲惫。因此，在对他们进行积极认真的治疗的同时，必须尽可能地改善他们在医院的生活，以良好的饮食和健康有益的文体活动，让他们在医院好好地休养，使身体和精神同时得到尽快的康复。在这方面，南溪山医院想尽了各种办法，并收到了很好的效果。

办好伙食是这当中最重要、最现实的问题。在南溪山医院住院的越南病人的伙食标准，一般是每人每天二元五角。部分特殊病人经医生批准可增至三元或三元以上。这在当时是较高的伙食标准。病人多时600个床位全部住满，而有些病人每天用餐的次数又较多，如何做出富于营养又令病人感到可口的饭菜和营养点心，对医院营养食堂的工作人员来说是不小的考验。食堂员工们不辞辛劳，根据越南的饮食习惯研究适合病人的口味，努力提高烹调技术，同时实行让病人选菜的做法，满足了病人不同的饮食需求。当时物资较为缺乏，而医院所需要的鸡、鱼、虾、白糖、水果等食材数量又较大，食堂的同志想方设法组织货源，市场上不能解决的，就向上级反映，通过商业部门调运，采取特殊供应。为了丰富主副食品、改善病员和职工的生活，1970年，医院的后勤人员还自己动手，开垦出120多亩荒地，建起小农场，种上杂粮、花生并养猪。医院干部职工分期分批到农场参加一个月的生产劳动，当年就收获稻谷9300斤、玉米6864斤、花生3000多斤、蔬菜近20000斤。1971年，收获稻谷16000斤、花生5600斤，养猪50多头。1973年，收获红薯15000斤、花生2000斤、橘子1900斤，养猪近100头。由于医院食堂努力改善伙食，保证了病人的营养，不少病人住院一段时间后，体重都增加了。

美化庭院，种植花草树木，建设休闲场所，让病人在清静优美、赏心悦目的环境中生活，这是南溪山医院为让病人更好地康复采取的又一个做法。南溪山医院位于风景优美的漓江之滨和南溪山下，环境本来就不错。自建院之初开始，医院又非常注重院区环境的美化。有段时间，桂林植物园里名花佳木无人问津，林钧才院长便领着大伙将桂林植物园中不少花木移栽到南溪山医院。因为是建设援越医院的需要，此事办得很顺利。故建院之初就种下各种树木4000多株，建成不少花圃和绿化带，其后又种下一批竹子。医院还在靠近漓江的地方建成设计独特的望江亭，在亭子附近建起中间有假山的圆形养鱼池，池中放养锦鲤和金鱼。这里成为越南伤病员最喜欢前来观景休息的场所，见图3-19。而院内种下的许多花草，令一年四季都有鲜花盛开，也使得住院病人犹如置身花园之中。病人们可以在庭院中一边散步，一边观赏花草，对愉悦身心促使康

图 3-19 医院修建的望江亭与金鱼池。越南病人喜欢在这里散步休息

复有很大的好处。

　　为使病人更好地康复，南溪山医院还向病人传授中国传统养生保健的太极拳和太极剑。医院请来了有经验的太极拳教师和太极剑教师，定时在院内教病人练习，见图 3-20。不少患有慢性病的病人跟着老师学习，学会了就自己进行练习，普遍反映对恢复身体效果不错。

　　南溪山医院还经常组织病友参加文化娱乐活动，以便促进身体的康复。医院建院之初有小礼堂，后来又建成有 1200 个座位的大礼堂。各个病区设有阅览室、文娱室，保证了病人有足够的室内活动场所。医院每周安排放两次电影。每逢节日，如越南国庆节、中国国庆节、

图 3-20 教越南伤病员练习太极拳

越南建党纪念日、"五一"、新年和春节,医院会组织文艺晚会,中方工作人员与越南伤病员及工作组常常同台表演节目。1971年中国国庆节期间,在南溪山医院举行的联欢晚会上,内三病区越南伤病员与中方医护人员共同演出的大合唱,见图3-21;内九病区病人、越南清化省行政委员会副主席何仲和饱含激情地朗诵歌颂越中友谊的诗篇;越南南方军队宣传干事演唱的中国京剧《智取威虎山》中杨子荣的唱段《敢叫日月换新天》等节目,都使越南伤病员们得到极大的精神享受。1974年"五一",正值越南驻中国大使吴船到南溪山医院参观访问。在联欢晚会上,吴船观看了中越两国同志共同演出的大合唱等文艺节目,特别是医院幼儿园小朋友用普通话和越语演唱的越南歌曲,十分高兴地说:"我在北京也参观过办得很好的幼儿园,但从来没听过中国小朋友用越文唱歌,而南溪山医院做到了。很不简单。"一些越南伤病员们看了晚会的节目后表示,在这里,既治好了病,又常常能看到文艺演出,心情很愉快。

图3-21 国庆晚会上中越同志共同表演大合唱

除了节日期间医院组织的文艺晚会，医院还适时邀请和安排文艺和体育团体到医院为病人进行表演，也组织住院病人参加桂林市的文艺联欢活动。桂林市文工团、广西师范学院文艺队、越南民族艺术团、越南第四联区业余艺术团、越南广播艺术团、中国国家乒乓球队、桂林市体操队与乒乓球队、桂林和梧州市篮球队等，都曾到南溪山医院为越南伤病员作表演。1974年中国国庆节，桂林市在八一公园（今南溪山公园）举行联欢，南溪山医院有400名越南伤病员代表参加。伤病员和中方工作人员联合演出的合唱《越南-中国》博得了热烈的掌声。越南伤病员们与中国人民共同欢庆节日，内心也感到无比的快乐。

此外，南溪山医院还常常组织越南伤病员外出参观游览。基于病人住院的时间普遍比较长，医院生活相对单调，医院会组织那些病情好转正在疗养的病人到外面走一走，在风景名胜区欣赏中国的山水风光，在城市和农村了解中国的建设成就，不仅对他们的身体康复有好处，也能让他们感受到中国的新面貌，见图3-22和图3-23。自1969年开始，医院就有计划地组织伤病员外出参观。在市内游览漓江、阳朔等风景区，参观桂林市造纸厂、绢纺厂、制药厂、乳牛场、植物研究所、五七干校、阳朔农机厂、青狮潭水电站等；到柳州参观灯泡厂、卷烟厂、机械厂、拖拉机厂、针织厂；到南宁参观畜牧研究所、茶

图3-22 组织越南伤病员到农村参观

图3-23 林钧才院长陪同越南伤病员游览漓江

厂、西津水电站、武鸣县双桥人民公社等。医院领导还陪同越南驻院工作组成员和部分伤病员到湖南韶山参观毛泽东主席旧居。据1971年的统计，当年组织伤病员外出参观游览共50多次，参加者约3000人次。1973年组织伤病员外出参观游览64次，参加者为3740人次。越南驻医院工作组和伤病员对医院的这个做法非常满意。一些伤病员深有感触地说："在南溪山医院，不仅吃得好，睡得好，生活得好，病能治好，还能安排我们外出参观游览，真是一辈子难得的享受。"

（四）感恩医院传承友谊

南溪山医院建院以来，一直以高超的医术、精心的护理竭诚为越南伤病员服务。自1969年3月26日第一批越南伤病员到院，至1975年12月18日第119批（最后一批）越南伤病员66人治愈离院，7年间医院共收治越南伤病员5432名，见图3-24。他们中绝大多数是中级以上干部、战斗英雄、模范人物、民众代表等。经过医院积极认真的治疗，有5378名伤病员治愈或好转后返回越南，35名伤病员因医院结束工作回越南继续医治，有19名危重病人经尽力抢救无效死亡。南溪山医院圆满完成了党和国家交给的任务，为履行无产阶级

图3-24 1975年12月18日，第119批（最后一批）越南伤病员治愈出院合影

国际主义义务，为增进中越两国人民友谊作出了突出的贡献。

南溪山医院的出色工作也受到越南伤病员、驻院越南工作组，以及越南有关机构和官员的赞誉和好评。

许多越南伤病员在南溪山医院治疗后身体恢复了健康，他们饱含深情说了许多感激医院的话，也用了许多美好的文字来歌颂越中友谊。1973年住院治疗的越南老干部杜暴，曾在一首诗中写道：

> 深情厚谊，怎能表尽。救死扶伤，鲜血何惜。饮食治疗，无微不至。辛勤服务，夜以继日。和蔼温存，乐观积极。同志情谊，胜过兄弟。患难与共，永不分离。永志不忘，越中友谊。

这首诗道出了所有曾在南溪山医院住院治疗的越南伤病员共同的心声。

1974年4月30日，吴船大使代表越南政府向南溪山医院授予一级抗战勋章，广西壮族自治区革命委员会副主任廖伟雄专程来桂林出席仪式，见图3-25。吴船大使在讲话中，充分肯定了南溪山医院在救治越南伤病员方面取得的成绩。他说："你们高尚的行动和热情服务的精神在越南伤病员和越南人民的心中留下了不可磨灭的印象。你们帮助我们的干部恢复健康是对我们的宝贵援助中最可贵的。"

图3-25 越南驻华大使吴船向医院颁发一级抗战勋章及证书

1974年5月11日，以越南南方妇女解放联合会会长、越南南方人民解放武装力量副司令阮氏定为团长的越南南方妇女代表团访问南溪山医院，见图3-26。正在医院治疗的越南南方军人中不少人正是阮氏定团长的部下。当阮氏定团长得知医院的许多医护人员是从中国各地调集而来时，感动地说:"真是值得钦佩。那么多的中国同志,离开自己的家乡和亲人达5年之久,为我们的伤病员服务,你们这种牺牲个人利益的精神,令我们十分感动。"

越南政府副总理黎清毅曾两次到访南溪山医院。1969年11月24日,黎清毅与越南外贸部副部长李班、越南驻中国大使吴明鸾访问北京后来到南溪山医院,见图3-27。在医院安排的座谈会上,黎清毅副总理转达了胡志明主席生前对南溪山医院的感谢与问候。他说:"今年8月8日,胡主席健在的时候(胡志明主席于1969年9月2日去世——作者注)嘱咐我们说,桂林南溪山医院的工作做得很好,你们去中国,一定要代表我到医院探望并感谢中国同志。今天我们到这里,实现了胡志明主席生前的嘱咐。今天只与部分同志见面,请你们转达胡主席对全体同志的问候与感谢。"

图3-26 越南南方妇女代表团访问医院

图3-27 越南政府副总理黎清毅访问医院

1974年8月6日,越南政府副总理黎清毅率越南经济代表团访问中国期间,在外贸部部长李强和自治区党委书记覃应机陪同下,再次访问南溪山医院。黎清毅副总理在听取医院领导介绍情况后表示,南溪山医院的出色工作充分体现了毛泽东主席关于"辽阔的中国领土是越南人民的可靠后方"的教导。他代表越南党和政府,向毛主席、中共中央、中国政府,向南溪山医院和桂林人民表示真诚的感谢。

1975年9月2日是越南30周年国庆，越方驻院工作组组长丁清位在医院领导向他祝贺节日时深情地说："今年是我们国家经过30年战争之后，第一次在和平、全国独立自由、南北团聚的环境下来庆祝国庆30周年。南溪山医院是越中友谊的一朵鲜花。1969年3月，正当我们越南战争进行最激烈的时候，南溪山医院开始收治越南伤病员。你们牺牲了个人利益，坚持工作，治疗了5000多名伤病员。你们不惜一切代价，用了779220毫升的鲜血，做了2567例手术，效果越来越好。你们为越南人民作出了重大的贡献。"

1975年12月8—14日，由越南医济部副部长阮文信率领的越南医济部代表团，与中国卫生部副部长张之强率领的中国卫生部代表团，在桂林就结束南溪山医院的工作进行了会谈。双方于12月12日签署了《会谈纪要》，双方认为，1969年2月27日中越双方签署的《关于桂林南溪山医院有关问题的会谈纪要》得到了圆满的执行，为增进中越两国人民之间的伟大友谊和战斗团结做出了贡献，双方对此表示满意。越南方面向以毛主席为首的中国共产党、中国政府和中国人民表示衷心和深切的感谢。为祝贺南溪山医院结束工作，越南医济部代表团在桂林榕湖饭店举行了答谢宴会。越南代表团向桂林市赠送锦旗一面，上书"越中两国人民和医务工作者之间的友谊和战斗团结万古长青"。代表团团长阮文信在许多场合的讲话中，盛赞"南溪山医院不愧为越中友谊大花园中一支最鲜艳的花朵"。

南溪山医院结束工作之后，1976年1月24日，越南驻医院工作组与医院领导进行了座谈。越方工作组长丁清位又一次坦诚地说："越中两国人民的革命团结和战斗友谊是真挚的。而我们南溪山医院越中两国同志的深情厚谊更是难以用语言形容的。南溪山医院是越中友谊大花园里的一朵鲜花。我们虽然要分别了，但这朵鲜花永远开放。"

越南医济部为了感谢桂林南溪山医院在救治越南伤病员方面所做的工作，决定邀请10人的"中国桂林南溪山医院代表团"于1976年访问越南。这一年3月，以副院长王相宏为团长的南溪山医院代表团赴越，参观访问河内和胡志明市。越共中央书记处书记春水在河内接见了南溪山医院代表团，代表越共中央对广西和桂林市人民表示感谢。

南溪山医院收治越南伤病员的 7 年,在中越人民友好关系史上留下了光辉的一页,它成为中越人民心中永远的记忆。1991 年中越关系正常化之后,南溪山医院这一段光荣的历史得到进一步的弘扬,南溪山医院成为中越两国人民传承友谊的纪念地。

1996 年 4 月 26 日,越南越中友好协会副会长丁儒廉率领的越中友协代表团一行 5 人到南溪山医院参观访问,在这里重温了昔日中越人民之间的深厚情谊。

1997 年 2 月,在北京的原桂林南溪山医院院长林钧才应越南医济部邀请访问越南。这又是一次重温中越友谊之旅。林钧才老院长在访越后返京途中曾回到他工作过的南溪山医院参观访问。

1997 年 7 月,当年专门为南溪山医院选送伤病员,并接受了南溪山医院结束工作后留下的各种医疗器械的越南 E 医院代表团访问南溪山医院,从此开始了两院之间的友好交流。

2005 年 8 月,南溪山医院收到了一封半年前从越南河内寄出的感谢信。写信者是曾担任越南一所中学校长的老太太阮氏理。据她在信中说,1969 年,她得了甲状腺肿瘤,在河内的一家医院做过手术,但病情不见好转,反而越发严重。当年 10 月,她被转送到南溪山医院。医生诊断出她患有右侧甲状腺乳头状腺癌,并出现了癌细胞转移。为了抢救她的生命,南溪山医院的医生们认真地制订了手术方案,成功地为她做了手术。经过 3 个半月的精心治疗,阮氏理于 1970 年 2 月初出院。原想能多活几年就不错了,没想到过了 35 年身体还是好好的,她认为这是南溪山医院"再生了我",因此写信表达对医院"最深切的谢意"。

2006 年 7 月 3 日,阮氏理老人在她的侄儿、越南胡志明博物馆原副馆长阮辉欢的陪同下,专程来到桂林南溪山医院,向医院领导当面表达她的感激之情,见图 3-28。从交谈得知,阮氏理和阮辉欢都曾于 20 世纪 50 年代初在南宁的越南育才学校学习过。阮氏理老人回顾了这段历史后深情地表示,她们这一代人永远都不会忘记中国人民给予越南的无私援助和亲人般的关怀。

1950年，在越南抗法战争最艰难的时期，他们这样的少年在越南没饭吃、没衣穿、没书读，是中国政府在广西为越南开办了育才学校，使她和大批越南少年得以在中国学习。1969年年底，在她身患癌症时，又是中国政府在广西开办的医院为她治好了病，挽救了她的生命。她永远都不会忘记中国人民对她的"天一样高、海一样深的恩情"。

图3-28 曾在南溪山医院治疗的越南阮氏理老人（中）回访医院时向医院赠送礼品

2010年8月26日，在桂林参加"中越青年大联欢"活动的700多名越南青年来到南溪山医院，在这里接受了一场别开生面的中越友谊的传统教育。当越南青年们进入40多年前为越南伤病员观看电影和演出而建设的大礼堂，观看着屏幕上展示的一幅幅反映越南伤病员在医院得到精心治疗的老照片，聆听着主持人生动具体的讲解，他们深切感受到中越两国人民用鲜血凝成的友谊是何等珍贵，也使他们充分认识到了自己所肩负的传承越中友谊的责任是何等重要。

2011年3月30日，越南谅山省、广宁省卫生厅参访团一行16人来到南溪山医院，参观了医院的新老建筑，观看了关于院史的幻灯片，听取了医院领导的情况介绍。谅山省卫生厅厅长黄亭寰感慨地说："非常感谢南溪山医院为越南人民作出的特殊贡献。在越南时就听说过这所医院的故事，今天有机会到这里参观学习，使我对医院有了进一步的了解。希望南溪山医院借助与越南的特殊关系，加强两国医疗卫生机构之间的合作，为越中友谊再作贡献。"

为了提供一个集中展示医疗援越史实的场所，2013年，南溪山医院利用大礼堂一侧的接待室，建成了院史陈列馆。陈列馆以大量历史图片和实物，再现了1967年至1975年那段特殊岁月中，南溪山医院作为援越医院的不寻常的历史，为开展中越友谊传统教育，增进中越友好关系搭建起一个很好的平台。

2014年12月4日上午，出席中越人民论坛第六次会议的越南代表近20人到南溪山医院访问。在刘邕波院长等陪同下，代表们参观了建院初期的老建筑，还参观了新落成的院史陈列馆。大家饶有兴趣地浏览了反映当年越南伤病员在南溪山医院治疗、康复、生活的图片和实物，观看了反映当年越南医院历史的电视纪录片，不断称赞南溪山医院为弘扬国际主义、人道主义精神，为增进中越人民的友谊作出的贡献，见图3-29。越南友好组织联合会副主席范文章激动地说："非常感谢贵院为越南独立解放做出的巨大支持和援助，5000多名曾在这里治疗的越南伤病员和他们的家人会永远记住南溪山医院，记住你们的恩情。中越两国人民之间源远流长的友谊一定会得到不断的延续和发展。"

图 3-29　越南老兵在医院看到他的老照片时激动万分

2015年6月13日，桂林南溪山医院接待了一个越南代表团。代表团中有一位91岁的阮姓老干部。在参观院史陈列馆时，这位老人在一幅越南伤病员治愈出院的合照前，神情显得异常激动，他拉着翻译，指着那张放大的老照片连声说道："这就是我！"随后，他又紧握着医院刘邕波院长的手连声表示感谢。原来，这位越南老干部曾于1974年作为第34批越南伤病员来到南溪山医院。经过医护人员的精心治疗和护理，他得以康复并重返战场。对当年在桂林的美好日子，他一直都念念不忘，很想回到桂林，回到南溪山医院看看。这次实现了多年的愿望，他感到无比高兴。他一再感谢南溪山医院建成了院史陈列馆，留住了这段体现越中友谊的历史，见图3-30。

2015年8月5日，由越共中央委员、越南外交部常务副部长胡春山率领的越南地方外事官员代表团在访问桂林期间，专程到南溪山医院参观访问。在医院学术报告厅，刘邕波院长向来宾介绍了南溪山医院的历史和发展现状，

图 3-30　中越人民论坛第六次会议代表团访问南溪山医院

原南溪山医院的三名老职工代表也从不同的角度讲述了当年医院筹建的经过及治疗越南伤病员的情况。随后，代表团来到医院院史陈列馆参观。他们看到馆内陈列的一张张老照片和文件资料，看到越南伤病员当年在医院得到无微不至的治疗、康复的场景，在感激南溪山医院为越南人民提供的无私援助的同时，也对南溪山医院能保留下来这么多丰富而珍贵的历史资料，并建成独具特色的院史陈列馆深表赞赏。胡春山团长高兴地说："南溪山医院是越中友谊的缩影。衷心感谢南溪山医院为越南人民的民族独立和越中传统友谊作出的不可磨灭的贡献。"

今天的桂林南溪山医院，在贯彻救死扶伤精神、努力为人民大众服务的同时，将继续发挥它作为中越友谊的传承基地的作用，为促进中越两国人民世世代代友好下去作出新的贡献。

第四章

以广西为起点的
"海上胡志明小道"

Chương IV
"Đường mòn Hồ Chí Minh trên biển"
với điểm khởi đầu là Quảng Tây

"海上胡志明小道"的称谓来源于"胡志明小道"。

　　"胡志明小道"是越南抗美救国战争时期越南北方与南方之间的一条秘密运输通道。1959年5月间，为适应抗美斗争的需要，根据胡志明主席的指示，越南开通了一条自北方向南方输送作战人员、干部和军事物资的秘密通道。越南南方称其为"中央走廊"，美国人则将其称为"胡志明小道"。这条通道自越南北方广治省西南越、老边境山区，向南进入老挝境内，沿长山山脉向南延伸后进入越南南部西宁地区。自1959年至1975年的16年间，在这条穿越丛林、异常崎岖的秘密运输线上，越南人用汽车、手推车、自行车、大象、骡马等运输工具，将大量物资及人员，源源不断地输送到南方，有力地支援了南方的抗战。

　　"海上胡志明小道"也是越南抗美救国战争时期的一条秘密运输通道。因为它在海上，故将其比喻为"海上胡志明小道"。这条海上秘密运输通道开通于20世纪60年代后期，其起点是今广西防城港北码头0号泊位，当时是防城县一个叫鱼万岛的小渔村，终点为越南北部永实岛附近。利用这条海上通道，中国将各种援越物资装上小船，利用夜间隐秘航行，穿越北部湾，将其运送至越南，有力地支援了越南人民的抗战，见图4-1。

　　"海上胡志明小道"是中越两国传统友好关系的体现，它见证了在那个特定的年代中越两国人民的深厚友谊。

　　如今，防城港已经建成为亿吨大港，昔日"海上胡志明小道"那样的物资运输方式早已不复存在。它留给我们的是一段中越友谊的历史记忆，是一份弥足珍贵的红色教育资源、红色旅游资源。如今的广西防城港北码头0号泊位，作为当年"海上胡志明小道"的始发地，已经成为一处革命遗址，成为中越友谊的纪念地，吸引着越来越多的中越两国人士在此驻足。防城港至越南下龙湾的海上旅游航线，由于具有体验"海上胡志明小道"的特殊功能，也越来越受到中外游客的欢迎。

图 4-1　广西防城港天然港湾

一、中央下达"322"指示

开辟中越海上隐蔽运输航线是毛泽东主席和中共中央、中国政府根据越南抗美救国战争形势发展而做出的一项决策。

美国对越南的干涉与侵略由来已久,且不断升级。1954 年,日内瓦协议签订,印度支那恢复和平,越南北方解放后,美国即开始染指越南。艾森豪威尔政府扶持吴廷艳担任总理,建立起南越亲美政权,镇压革命群众。1961 年,美国肯尼迪政府在越南南方发动"特种战争",由美国出钱出枪派顾问,训练南越军队,镇压人民,对付北方共产党游击队。随后,美国约翰逊政府把"特种战争"升级为"局部战争",在越南南方直接派军队参战,并开始对越南北方的轰炸袭击。1964 年 8 月 5 日,美国政府以美军舰只遭到越南民主共和国的鱼雷艇袭击为借口,出动飞机对越南北部的清化、义安地区及"煤都"鸿基等地进行大规模轰炸,制造了"北部湾事件"。其后,战争不断升级。1965 年年初,美国在向越南南方增派地面部队的同时,批准"滚雷计划",对越南的狂轰滥炸迅速向北方推移，直到接近越中边境地区。就在美国制造"北部湾事件"的第二天，1964年8月6日，中国政府发表声明郑重宣告："美国对越南民主共和国的侵犯，就是对中国的侵犯，中国人民绝不会坐视不救。"此后五天内，中国全国有两千万人参加集会或游行，声援越南人民的抗美斗争。1965年年初，在美国对越南的战争不断升级的严重时刻，周恩来总理庄严宣布，中国人民坚决响应越南南方民族解放阵线最近发布的声明和呼吁，给南越人民以一切必要的物资支援，包括武器和一切作战物资。我们还准备在南越人民需要的时候，派遣自己的人员，同越南人民共同战斗。自1965年1月到1968年3月，根据中越两国政府签订的有关协议，中国先后向越南派出的防空、工程、铁道、后勤保障等支援部队，总计达32万多人。

在中越两国政府签订的援越抗美的有关协议中，有一项是1967年签订的《关于战时使用中越两国海上隐蔽航线和越南船舶疏散到中国港口的议定书》，提出要在中国开辟一条到越南的海上隐蔽航线。其时，美国正在出动大批海空力量，对越南北方的居民区和公路、桥梁、堤坝进行轰炸，并在越南海域、港口及航道布设水雷进行封锁，以便切断越南的外来援助。为了更好地支援越南人民的抗美救国战争，中共中央和中国政府认为，必须在距离越南较近的中国沿海建设一个战备港口，由这里开通中越海上隐蔽运输航线，而且这个港口最好建在广西的沿海。因为广西北部湾沿海建港的自然条件好，又处于距越南和东南亚最靠近的地理位置，交通便捷，是建港的宝地。而当时广西北部湾沿海只有一个年吞吐能力仅数十万吨的北海港。为了援越抗美的需要，也为了搞好边海防建设、加强战备，开发北部湾沿海资源，发展广西经济，非常有必要在广西沿海另建一个"平战结合"的新型港口。这个港口，在越南战争时期，可以转运援越物资；在和平时期，可以对外开放，作为外贸口岸。

方针确定后，中共中央和国务院布置广州军区和广西壮族自治区革委会组织专业队伍，在广西北部湾沿海地区进行实地勘测，以选择和确定建港地址。在1967年年底至1968年年初，专业人员先后勘测了合浦县的铁山港、大风江口，北海市的北海港，钦州县的龙门港、犀牛脚、石头埠、茅岭江口，防城县的企沙港、珍珠港、白龙港及渔万岛仙人桥等处海域。通过对比分析，专家组认为，防城县防城河口渔万岛及附近的仙人湾海域各方面条件较好，具有建港优势，可以建设临时港口，作为中越海上隐蔽运输航线的起点。

建港地址选定后，广西方面上报中央。中央于1968年3月22日下发文件，正式批准在广西防城动工建设港口，作为开通中越海上隐蔽运输航线的前提。建港工程以中央下发文件的时间为代号，称为"广西322工程"。根据文件精神，这项工程包括建设一个临时港口防城港，以及两个附属设施企沙卫东船厂和牛头油库。由广州军区和广西壮族自治区革委会抽调干部组成工程指挥部，负责该工程建设。于是，代号"广西322工程"的一场建设港口，开通中越海上隐蔽航线的战斗，便在广西打响了。①

二、昔日小渔村建成了战备港口

广西防城区防城河口附近渔万岛西南端的仙人桥湾一带，的确是十分理想的建港地址。这里港湾辽阔、隐蔽、避风，且有天然的海湾深槽。其地理位置也很优越，自古以来就是广西沿海交通要冲。历史上著名的潭蓬古运河，就是沟通这个海湾与白龙尾半岛西侧的珍珠湾的。这个地点距当时中越双方商定的隐蔽运输航线的终点，即越方接卸货物地点广宁省永实岛北侧的盖煎岛，仅有35海里，航程短，物资运达比较容易，加之这个地方比较安全——海湾西南面白龙尾有解放军的白龙海军基地，东面企沙半岛北侧有解放军的龙门水警区，在这里建港，的确是非常合适的。

然而，这个地方却又是"白纸一张"，建港的基础条件很差。20世纪60年代后期，在广西北部湾沿海地带，正式的对外贸易港口只有北海港，当时年货物吞吐量仅几十万吨。当时的防城县（东兴还没有分出）没有现代化海港，其沿海地区仅有防城、企沙、东兴、江平几个航运站。由于主要工作任务是组织捕鱼作业，故这些航运站同时设有水产站。而选择建港的地方渔万岛，

---

① 黄铮主编《广西对外开放港口：历史·现状·前景（防城港篇）》，广西人民出版社，1989，第154、155页。本章所叙述港口建设与运输的具体内容，均引自该书。

还只设水产站。它实际上就是一个小渔村,远离城镇,人烟稀少,没有公路,未通水电。

然而,中央对广西的建港工程非常重视,要求广州军区和广西壮族自治区革委会尽快组成指挥部,尽快组织施工。"322"文件下达两个多月后,"广西322工程"就正式动工了。根据中央的意见,指挥部决定:交通部天津第一航务工程局负责码头、船厂与油库的设计施工;钦州地区建筑公司负责住宅及生产设施工程的施工;广西交通局工程公司负责临港公路的修建,见图4-2。

港口码头是建港最重要的工程。交通部天津第一航务工程局指定其下属的水运工程设计研究院负责该工程的勘测设计。1968年5月中旬,该研究院挑选专业技术人员组成了"广西322工程"现场勘测设计组开始前期工作。当时,越南抗战处于关键时刻,援越物资的运送任务很重,而且中央要求采取边勘测边设计边施工的"三结合"施工方案,因此勘测设计组的任务非常繁重。勘测设计组冒着危险,克服了许多困难,及时到达港口建设现场。全体勘测设计人员抱着为支援越南人民的抗美救国斗争多作贡献的信念,紧张而认真地投入工

图4-2 "广西322工程"示意图

作。初步设计方案在1968年8月初完成，9月底完成了勘测设计任务。12月底，施工图的设计也完成了。指挥部随即将设计和施工方案上报中央批准，同时安排部分设计人员留下，补充修改和完善设计，并参加现场施工的指导。

要在渔万岛这个偏僻荒凉的小岛上建设港口，工程任务是相当繁重的。根据当时的设计，工程项目包括建设港口码头（含固定码头、浮动码头、打捞救助码头、油码头、深水卸油平台等），开挖航道、港池，修建县城至港口的公路、江山至牛头油库的公路、防城至企沙的公路，建设储油罐、浮码头用的水泥船、企沙船厂及系列生产生活设施等。

在一个条件很差的荒凉小岛上进行如此繁重的工程建设项目，其艰难程度可想而知。当时是采取大兵团作战的方式来进行施工。建港工程指挥部设在离施工现场20多千米的防城县的防城镇，人员由天津第一航务工程局、广西壮族自治区革委会、广东省革委会、驻军及相关单位人员组成。施工队伍则来自四面八方，共计16个单位，人数最多时近1万人，见图4-3。他们就地驻扎，住工棚，睡地铺。但是，大家心往一处想，劲往一处使，都为尽早建成港口贡

图4-3　推平山丘，建设海港

献力量。专业技术力量不足，就在干中培训，边干边学。参加施工的许多人员都担负着过去从来没有干过甚至没有见过的工作。原先的修路建桥工在建造水泥船，原先的钳工在建设储油罐，原先的测量人员担负起寻找地下水和钻井的任务，原先担负修一般公路桥的人员担负着修建海湾大桥的工作。就这样，大家迎难而进，艰苦奋斗，为建港出力。在这个过程中，建港指挥部的同志们身先士卒，起带头作用，深入施工现场，与工人一起日夜奋战。工程指挥长刘泮江长期带病坚持工作，直到临终前还念念不忘建港工作。生产指挥组长邹毓坊主动将铺盖搬到工地，哪里有困难有问题哪里就有他。干部以身作则，极大地影响和带动了施工人员，也极大地加快了建港工程的进度。

防城县战备港口的建设工程，自1968年12月完成施工设计，经过1969年整整一年的努力，到1970年年初各项建设任务已按原定计划基本完成。共建成2000吨级浮动码头1座，长83米；500吨级小型货物浮动码头两座，总长127米；500吨级直壁式固定码头1座，长30米；打捞救助船舶专用浮动码头1座，长40米；500吨级专用浮动油码头1座，长40米；2000吨级卸油平台1座，铺砌水下输油管1组，长500米；1350吨油库两座；建成码头堆场面积3500平方米；码头仓库3座，面积共5000平方米，见图4-4。此外，修建防城至港口公路22千米，江山至牛头油库公路7千米，修改防城至企沙卫东船厂公路32千米，修建公路桥梁3座。疏通航道7.3海里，挖泥70多万立方米；完成生产设施建筑面积1.5万平方米，生活设施及住宅建筑面积两万多平方米；打出饮用深水井两眼，浅水井1眼。与此同时，在作为配套工程的企沙卫东船厂，建成可维修100吨级船舶的船台两座，修船滑道1组；固

图4-4 "广西322工程"的仓库

定码头1座，长300米；疏通航道3海里，挖泥10万多立方米。至此，作为战备港口的防城港，其建设工程及配套工程已基本完成。只等中央一声令下，就可以正式投入使用。

然而，这个战备港口建成之后，并没有立刻投入使用，而是根据中央指示，转入维护保养阶段。

这是中央针对当时越南抗美救国斗争形势而临时作出的决定。1968年，越南南方军民通过发动新春攻势，南方的游击战从农村发展到城市，与运动战相结合，逐步取得了战争的主动权。迫于国内外的压力，1968年3月，美国宣布部分停止对越南北方的轰炸，暂时放弃了战争升级政策。5月，越南与美国在巴黎开始举行和谈。11月，美国宣布无条件停止对北越的轰炸。1969年7月，美国总统尼克松宣布，美军将逐步撤出南越，实现战争"越南化"。此后一段时间，越南人民的抗美斗争形势发展得很好。正是这个时候，作为战备港口的防城港也建成了。经过中越双方会商，海上隐蔽航线暂时不用开通。于是，中央决定，防城港暂不动用，转入"看、管、保"的维护保养阶段。

三、繁忙的援越物资隐蔽运输航线

1972年，越南抗美救国战争形势又发生了变化。越南南方军民在各个战场上发起全面战略反攻。美国则撕毁在巴黎举行的三国四方会谈中达成的协议，拒绝接受越南南方共和临时革命政府提出的和平建议，玩弄新的花招，继续推行战争"越南化"的政策。1972年5月，美国政府在支持南越政权围攻蚕食解放区的同时，决定恢复对越南北方的全面轰炸，并以水雷封锁越南北方港口。越南抗战面临新的困难。为了继续得到中国政府的有力支持，越南委派外交部长春水访问中国，就开辟中越两国海上隐蔽运输航线的问题与中方进行磋商。周恩来总理接见了春水部长及越南驻华大使吴船，表示中国将一如既往支持越南抗战。根据中越双方磋商的结果，中国政府决定立即开辟中越海上隐蔽运输航线。1972年6月14日，中央援越领导小组召开紧急会议，研究关于开辟中越海上隐蔽运输航线的问题，作出了相关安排。7月20日，中央批准成立广西援越领导小组和防城港援越运输指挥部。根据中央的意见，广西援越领导小组决定，由防城港援越运输指挥部具体负责海上隐蔽航线的运输组织和调度指挥。同时授予防城港援越运输指挥部以下权限：代表中方与越方驻防城港海运办事处联系；在执行援越运输任务和修理越方船舶方面可以直接指挥防城港、北海港及江平装卸点、竹山装卸点及企沙卫东船厂、北海船厂的工作。防城港援越运输指挥部下设办公室及政工、通信、运输、技术、安监、财务、供应、外贸、打捞救助等工作部门，并建立起临时党团组织，由指挥部正副指挥长组成党的核心小组，统一领导指挥部的日常工作。

1972年7月25日，中越两国政府在北京正式签署了《开辟中越海上隐蔽运输航线的议定书》。双方同意，即时开辟从中国广西防城港至越南永实岛北侧盖煎岛海域的海上隐蔽运输航线，航程约35海里，见图4-5。具体的运输方式是：由中国负责将援越物资集中运到新建成的防城港或北海港，然后由中国和越南派出小型机动船舶将其装载，沿中越海上隐蔽运输航线运至越南指定海域。越方参加运输的船舶，在防城港装货后直接驶往越方卸货点；中方参加运输的船舶，白天在防城港或北海港装货后，驶往越南盖煎岛附近海域指定地点卸货，然后由越方派船接运，中方船舶当夜返航。双方还商定，越方在航线沿途海岛建瞭望站，岸上设通信站，每小时用无线电通报一次情

图4-5 "广西322工程"浮动码头紧张地转运援越物资

况。中方由南海舰队龙门水警区负责掌握隐蔽航线的北仑河口以东的中越船舶及美舰活动情况，随时通报给防城港援越运输指挥部。为了互通情况，在越南芒街与防城港之间建立通信联系。由广西负责接通东兴至防城港，以及防城港至南宁、北海、龙门的有线电话。同时，在芒街和防城港各设置一电台，以备电话机线中断时进行联系。

开通中越海上运输隐蔽航线，支援越南人民的抗美救国战争，事关重大。广西方面对此项工作高度重视，自治区革委会从各地抽调了一批干部，以充实和加强防城港的领导力量。自治区交通局从南宁、梧州、北海等地调集一批熟练的技术工人，包括装卸指导员、装卸指挥手、装吊船机手、机械修理工等，支援防城港。为了熟悉航线情况，1972年7月26日，广西派出参加隐蔽运输船队的308号、309号、315号、329号、343号船舶进行试航，如图4-6。这5艘船当天顺利到达指定地点，安全卸货后，当晚顺利回到防城港，圆满完成了试航任务。

1972年8月1日，防城港作为援越物资起运港口正式启用，中越双方船队正式投入营运作业，中越海上隐蔽运输航线正式开通。

这条中越海上隐蔽运输航线自开通之日起，至1973年4月中越两国政府共同决定终止隐蔽航线运输，历时9个多月。其间，中越海上隐蔽运输航线一片繁忙。越南方面参加隐蔽运输的船舶共有94艘，总载重量6050吨，其中50

图4-6 航行在隐蔽运输航线上的船舶

吨级船舶 67 艘，100 吨级船舶 27 艘。中国方面参加隐蔽运输的船舶 35 艘，载重量 1750 吨，其中货船 23 艘，油船 12 艘。此外，中国还投入木帆船 20 艘，载重量 728 吨。有资料显示：自 1972 年 8 月至 11 月的 4 个月里，进出防城港船舶共 1034 艘次，其中越方参加隐蔽运输船舶 573 艘次，参加非隐蔽运输（即越南的出口物资在防城港转运出境）船舶 14 艘次；中方参加隐蔽运输船舶 447 艘次（其中，在广州黄埔、湛江等地装载援越物资到防城港的 1000 吨至 6500 吨级船舶共 65 艘次）。其间，防城港的吞吐量共达 11.5481 万吨，平均每月的吞吐量近 3 万吨，其中 10 月达到 3.5285 万吨，11 月达到 3.8826 万吨。平均吞吐量达到了中央要求的指标。

1973 年年初，关于越南问题的三国四方巴黎会议取得突破性进展。这一年的 1 月 27 日，各方代表在巴黎正式签署了《关于在越南结束战争、恢复和平的协议》。根据协议，1973 年 3 月，美国从越南南方全部撤走了作战部队、顾问和军事人员。这意味着越南抗美救国战争的结束。越南北方的港口很自然地也恢复通航了。据此，1973 年 4 月 5 日，中越两国政府在北京签署《终止中越海上隐蔽运输航线的议定书》，防城港持续了 9 个多月的转运援越物资的工作，至此圆满结束。

据统计，在开通中越海上隐蔽运输航线期间，防城港总计吞吐量为 16.1872 万吨。其中大米、面粉、食油、种子、化肥共计 14.6744 万吨，油料 1.5128 万吨。防城港援越运输指挥部在此期间供给参加隐蔽运输的越方人员的物品，折合人民币 47.2185 万元，其中主副食品折合人民币 13.4447 万元，燃料物折合人民币 33.7738 万元。企沙船厂为越方修船共 100 多艘次。防城港这个新建成的战备港口，在支援越南人民的抗美救国斗争中经受了考验，圆满完成了党和国家交给的光荣任务。

为了表彰防城港在开通中越海上隐蔽运输航线期间作出的贡献，1973 年 5 月，越南交通部部长潘仲彗受越南国家主席孙德胜的委托，授予防城港和企沙船厂一级抗战勋章。越南海运部门还赠给防城港锦旗一面，上面用越文写着"越中两国海运部门伟大的团结战斗友谊永存"，见图 4-7。

防城港作为中越海上隐蔽运输航线的始发港口，见证了中越两国人民的传

第四章　以广西为起点的"海上胡志明小道"

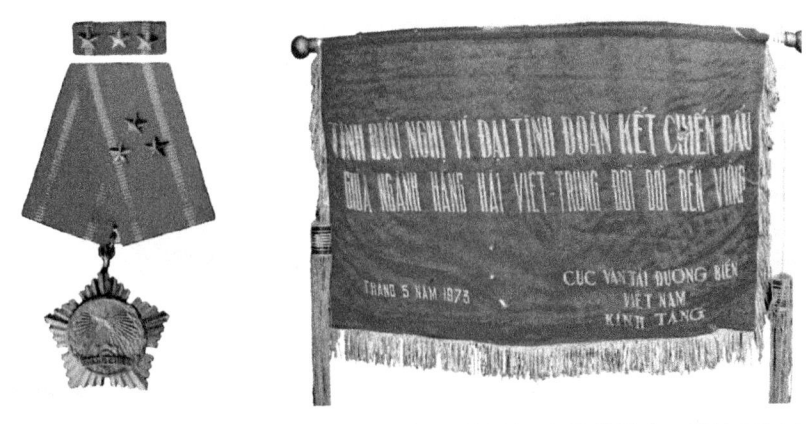

图 4-7　越南政府给防城港及企沙船厂颁发的一级抗战勋章，及越南海运局赠给防城港的锦旗

统友谊。港区最早建成的北码头 0 号泊位，也赢得了"海上胡志明小道"起点的美名。

四、"海上胡志明小道"的今天

自 1973 年 4 月中越海上隐蔽运输航线终止之日至今天，时光才过去短短的 50 多个年头，可谓"弹指一挥间"。然而，防城港这个当年中越海上隐蔽运输航线的始发地，却发生了天翻地覆的变化。这场变化最突出的有两个特点：一是港口和城市的飞速发展，二是这条昔日的隐蔽运输航线"海上胡志明小道"已成为当今增进中越两国人民友谊的红色纽带。

防城港 1970 年初步建成，1972 年 8 月 1 日正式承接援越物资中转运输任务。但此时的防城港码头不过是千吨级，规模很小。就在这一年的 11 月 11 日，周恩来总理在交通部一份关于援越运输的情况简报上作出批示："不论越南停战与否，防城港应即隐蔽扩建，限期完成。"这是周恩来总理根据我国国民经济发展的需要，为改变我国沿海特别是广西沿海港口建设的落后面貌而作出的决策。于是自然条件无比优越的防城港有了扩建成万吨级港口的机会，见图 4-8。

1973年9月21日，自治区党委和自治区革委会向国务院港口建设领导小组、国家计委、国家建委及交通部递交了关于请求扩建防城港的报告，并将防城港建设万吨级泊位的意见书上报，请求将防城港

图4-8 1973年投产的第一个万吨级泊位

扩建列入"四五"期间后两年的国家港口建设计划，并且作为交通部港口建设的直属工程项目。党中央和国务院批准了广西的防城港的续建计划。1973年10月，防城港开始建设第一个万吨级深水泊位。1974年8月，国务院批准将防城港逐步扩建成为对外开放的贸易港口。

1975年3月，防城港开始建设第二个万吨级深水泊位。1976年7月，防城港开始建设第3至第7个万吨级深水泊位。1977年12月，国家计委同意在防城港建设5万吨级码头。1978年秋，南宁至防城港铁路正式动工修建。1979年底，防城港扩建工程和南防铁路建设工程因国民经济调整而缓建。1983年5月，国务院批准防城港和南防铁路恢复建设。7月，国务院批准防城港作为对外国籍船舶开放的口岸。10月1日，防城港举行开港典礼宣布部分泊位正式投产。原先作为战备港口的防城港，正式成为对外开放的贸易港口。1986年12月25日，交通部、铁道部在防城港举行7个万吨级深水泊位建成投产暨南防铁路全线铺通庆祝大会。防城港已拥有多个万吨级泊位。

防城港具有良好的自然地理条件，这里码头岸线长，水深，避风，不冻，有天然的海湾深槽，且临近东南亚，建港条件无比优越。随着我国对外开放的扩大和国民经济的发展，防城港也带来了难得的发展机遇。进入20世纪90年代以来，防城港的港口建设可以说是一年上一个台阶。万吨级、5万吨级、10万吨级、20万吨级泊位都建起来了，到如今，防城港已经建成万吨至20万

吨深水泊位36个，40万吨级泊位也正在兴建。港口年货物吞吐量节节攀升。刚开通援越物资隐蔽航线时，月均货物吞吐量最高约3万吨，年吞吐量也只有30多万吨。1996年，防城港年货物吞吐量达到500多万吨，2001年首次突破1000万吨，2009年超过6000万吨。2013年时，防城港年货物吞吐量已超过1亿吨，防城港已发展成为我国西部第一大港，华南第三大港，中国12个主要

图4-9　防城港的集装箱码头

图4-10　防城港雄姿

枢纽港之一，见图4-9和图4-10。

港口建设日新月异的同时，城市建设也发生了惊人的变化。港口建成后，这个地方的行政建制多次改变，级别多次提升。

1984年4月，国务院批准广西的北海（含防城港）为全国进一步对外开放的14个沿海城市之一。1985年1月，中国政府决定增加一批对外开放的市县，外国人可自由前往。其中有北海市，包含防城港。1985年5月13日，自治区党委和自治区政府批准成立中共广西防城港区工作委员会和防城港区管理委员会，按地市级建制。1993年5月23日，国务院决定撤防城各族自治县，设地级防城港市；防城港市设港口区、防城区，管辖上思县。1996年4月，自治区决定设置县级东兴市，由防城港市代管。这样，昔日的小渔村，由于防城港的建设和发展，逐渐演变成为北部湾沿海的一个管辖港口区、防城区、上思县、东兴市的地级市防城港市。

中越两国山水相连，两国人民有着牢固而深厚的传统友谊。这种友谊是在共同的斗争中形成的，是毛泽东主席与胡志明主席等老一辈革命家亲手缔造和精心培育的，是两党两国和两国人民的宝贵财富，值得传承和发扬。越南抗美救国战争时期中越海上隐蔽运输航线即"海上胡志明小道"的开通，正是中越两国人民传统友谊的写照。它可以成为对中越两国人民特别是青年一代进行中越友谊传统教育的红色资源。防城港市对这一红色资源非常重视，将当年这条隐蔽运输航线的起点，即防城港北码头0号泊位当作革命遗址和纪念地妥善加以保护，建立了"海上胡志明小道起点"纪念碑，并从这里出发，开通"海上胡志明小道"复古游的旅游线路。防城港至越南下龙湾的豪华游轮，也从0号泊位出发。这使得越来越多的中越两国人士，慕名来到这个地方，考察参观"海上胡志明小道"起点，一方面，回顾和了解中越两国人民相互支援的那一段历史，从而增进中越两国人民的友谊；另一方面又可以通过防城港几十年来从小小的战备港口发展到亿吨大港的巨大变化，深刻认识和感受中国改革开放所带来的成果，从而让国人增强实现中华民族伟大复兴的中国梦的信心，见图4-11。

近年来，防城港的"海上胡志明小道"及其起点，已经成为联系沟通中越

第四章 以广西为起点的"海上胡志明小道"

两国人民的红色纽带、中越跨境红色旅游的目的地，以及中越两国重要的民间友好活动的举办场所和参观点。

2009年6月，由中国东盟协会、中越友好协会与越南友好组织联合会、越中友好协会联合举办的"2009中越边民友好大联欢"活动在广西防城港和越南芒街跨境举行。6月5日下午，全国政协副主席李兆焯、越南祖国阵线主席黄担等中越领导和嘉宾，在防城港市领导陪同下，参观考察了"海上胡志明小道"起点。大家站在"海上胡志明小道"起点北码头0号泊位上，听防城港的领导介绍"海上胡志明小道"的历史。许多代表纷纷在这里照相留念，共同见证中越两国人民之间团结战斗的伟大友谊。越南祖国阵线主席黄担说："我们很高兴能够看到见证中越两国人民友谊的文化遗产——'海上胡志明小道'的起点。我们要发挥老一辈的光荣传统，把中越两国的友谊不断发扬光大！"

图4-11 防城港市"海上胡志明小道"起点标志

2010年8月，中越青年大联欢活动在广西举行。上千名越南青年来到广西，分几个区开展友好联欢活动。在防城港市分会场，300名越南及中国青年代表来到防城港"海上胡志明小道"的起点，参观了这个承载着中越友谊的红色纪念地，重温了几十年前中越两国人民互相支持并肩战斗的历史。两国青年表示，一定要努力继承和发扬中越人民友谊的光荣传统。

2015年5月，"沿着胡伯伯足迹的红色之旅"暨"中越边民友好大联欢"活动在广西几个地方举行。越方代表数十人由越南友好组织联合会主席武春鸿、越中友协副主席裴鸿福率领。5月18日，越南客人来到防城港北码头0号泊位，参观了"海上胡志明小道"起点纪念碑，听取了关于当年防城港开通援越物资隐蔽运输航线的情况介绍，同时在这里登上游轮，沿着"海上胡志明小道"的一段航线亲身体验,更深切地感受到了中越之间这条友谊航线的历史与现实的意义。越南代表团团长、越南友好组织联合会主席武春鸿激动地说:"在越南抗美战争时期,中国为越南提供了重要援助。中越两国人民在防城港等边境地区的传统友谊非常深厚。越南代表团此次能亲身在历史故事发生地感受革命情谊,特别感动。"武春鸿还说:"参观了'海上胡志明小道',不由得联想到今天中国提出的'海上丝绸之路'构想。随着中越两国文化交流活动的深入,两国的经贸往来也日益频繁。两国的这些合作有利于进一步巩固加深中越两国传统友谊,促进中越两国经济社会的发展和区域的和平稳定。" 见图4-12。

"海上胡志明小道"作为一种红色文化资源、教育资源,必将在增进和提升中越两国人民的传统友谊方面起着越来越重要的作用。

图4-12 参加2015年"沿着胡伯伯足迹的红色之旅"暨"中越边民友好大联欢"的嘉宾在"海上胡志明小道"起点听取相关介绍